헬무트 틸리케의
신학과 윤리

홍순원 지음

컨콜디아사

목 차

제1장. 들어가는 말 / 7
 1. 틸리케의 생애 / 7
 2. 틸리케의 사상적 배경 / 8
 3. 내용의 구성 / 12

제2장. 되어감 안에 있는 인간과 역사구조:
　"역사와 실존(1935)" / 17
 1. 인간과 역사의 연대성: 틸리케의 초기 역사이해에
    나타나는 역사인간학적 구상 / 17
 2. 역사의 수직적 차원과 수평적 차원의 관계 / 32
 3. 되어감 안에 있는 역사 / 44
 4. 요약 및 평가: 역사에 대립하는 하나님의 의지 / 51

제3장. 틸리케의 역사신학적 사고의 교회론적 전개:
 "교회와 사회(1947)" / 57
 1. 교회의 이차원적 실존 / 59
 2. 지나가는 에온에 대한 교회의 파수직:
   심판질서로서의 역사 / 78
 3. 요약 및 평가: 역사 안에 나타나는 하나님의 의지 / 87

제4장. "신학적 윤리(1951-64)": 옛 에온과 새 에온 사이의
 긴장영역에서의 비상규율 / 93
 1. 문제제기 / 99
 2. 틸리케의 "신학적 윤리"의 토대로서 기독교적
   실존 형성 / 105
 3. 역사적 현실 안에서 하나님의 명령의 의미 / 111
 4. 새로운 현실이해를 통한 규범적 요구들의 의미변화 / 125
 5. 신학적 윤리의 주제영역: 에온적 갈등상황 / 135
 6. 요약 및 평가: 종말론과 윤리 / 154

제5장. 성령 활동의 수평적 확장: 틸리케의 역사신학적 구상의
 성령론적 기초설정으로서 "기독교신앙(1968-78)" / 163
 1. 현재화의 능력으로서 성령: 데카르트주의 신학노선에
  대한 반대명제 / 167
 2. 성령의 현재화의 수단으로서 말씀 / 173
 3. 성령론적 관점에서 본 틸리케의 인격개념 / 182
 4. 미래를 여는 하나님의 활동으로서 성령:
  틸리케의 종말론 문제 / 189
 5. 요약 및 평가: 성령의 활동 안에 있는 역사 / 192
 6. 결론적 성찰 / 194

제 1 장

들어가는 말

1. 틸리케의 생애

헬무트 틸리케는 1908년 12월 4일 독일 부퍼탈 바르멘에서 대학 총장의 아들로 태어났다. 그는 고향에서 고등학교를 졸업하고 그라이스발트, 마부르그, 에어랑엔과 본대학에서 신학과 철학을 공부하였다. 그라이스발트 대학(1928)에서 틸리케는 루돌프 헤르만을 통해 종교개혁사상에서부터 쉴라이에르마허에 이르는 조직신학의 이론적 기초를 전수받았다. 본 대학에서는 칼 바르트의 교의학 강의에 참여하면서 변증법적 신학의 틀을 배우게 된다. 한편 틸리케는 바르트의 신학에 윤리적 차원이 배제되어 있음을 발견한다. 이때부터 틸리케는 바르트의 신학이 도외시하였던 일상적 삶의 지평과 정치적 문제들에 관심을 가지게 되며 이것은 이후에 그의 신학윤리에서 정치윤리와 경제윤리를 중심적으로 다루는 동기가 된다. 에어랑엔 대학의 루터 전문가 파울 알트하우스와의 만남은 틸리케가 자신의 학문적 방향을 정립하는 결정적인 계기가 되었다. 알트하우스의 지도아래서 완성한 박사학위 논문 "역사와 실존(1935)"은 루터와 알트하우스가 속한 에어랑엔 학파의 사상에 그 기반을 두고 있는데 내용에 있어서는 이 둘을 비판적으로 다룬다. 1936년에는 레싱에 관한 연구로 교수자격 논문을 완성하였으며, 그해에 하이델베르크 대학 정교수로 부임하였으나 반나치적인 내용을 담은 그의 박사학위 논문과 그가 히틀러에 반대하는 고백교회(Bekennende Kirche)편에 섰던 이유로 1940년 강제로 해직당하고 강연과 저작활동이 금지되었다. 이후 틸리케는 뷔텐베르크주 국가교회 신학위원으로 재직하면서 윤리학과 인간론 연구에 몰두하였다. 1945년 종전이 되면서 틸리케는 튀빙겐 대학 교수로 부임하여 1951년엔 튀빙겐 대학 총장과 독일 총장협의회 회장에 선출되었다. 그리고 그 해에 그때까지 계속해왔던 신루터주의 전통에 대한 비판적 연구를 집대성하여 "신학적 윤리"의 출간을 시작하였다. 1954년엔 함부르크 대학에 초청되어 1960년엔 함부르크 대학 총장과 성 미카엘리스 교회, 북부 독일 방송국(NDR) 상임 설교자로서 활동하였다. 1958년부터는 전 북미, 라틴 아메리카, 아시아, 아프리카를 돌면서 강의와 객원교수 활동을 하였으며 1986년 서거할 때까지 그치지 않고 많은 논문과 저작들을 집필하였다.

2. 틸리케의 사상적 배경

틸리케의 사상은 루터와 바르트에 대한 비판적 성찰을

통해 형성되고 발전된다. 틸리케는 루터와 바르트에게 역사에 대한 이해와 관심이 결여되어 있음을 지적한다. 틸리케 사상의 출발점이 되는 초기 역사이해는 루터의 두 왕국론을 수정하려는 것이며 동시에 바르트의 신학적 사고에서 배제되어 있는 역사의 수평적 차원, 곧 현실의 문제를 보완하려는 것이다.[1] 틸리케는 시종일관 루터와 바르트의 신학에서 제외되어 있는 역사의 자율적 영역들을 신학적으로 평가하려고 시도한다. 틸리케의 생각에는 역사 안에서 하나님의 활동 문제는 개신교 신학에서 주변적 주제였다. 그 결과 다양한 삶의 영역들 안에 있는 기독교적 실존은 신학적 질문으로서 다루어지지 않았다. 틸리케가 볼 때 이것의 원인은 두 왕국을 평화로운 공존의 질서로서 이해한 신루터주의 신학에 있었다. 틸리케는 루터의 두 왕국론을 이원론적으로 해석하는 입장에 반대하여 자신의 초기 역사신학을 전개시킨다. 이러한 시도는 그가 평생 동안 기독교적 실존에 있어서 신앙과 현실 사이의 갈등을 다루게 되는 사상적 출발점이 된다.

루터의 두 왕국론을 통해 틸리케는 이차원적 역사이해의 틀을 구성하였으며 바르트를 통해서는 변증법적 신학 방

---

[1] 틸리케는 루터의 두 왕국론에 세 가지 위험성이 내재되어 있다고 본다. 첫째는 트뢸취가 지적했던 것처럼 사회적 도덕과 개인적, 내면적 기독교 사이의 이중적 윤리의 위험성이다. 둘째는 세상을 자율적 원리를 가진 독립된 영역으로서 개인의 윤리적 행동과 단절시키는 위험이다. 셋째는 두 영역이 조화를 이루며 공존하는 위험성이다. 틸리케는 첫 번째 위험성을 "역사와 실존"에 나타나는 인간과 역사의 연대성 개념을 통해 제거하려고 시도하였고 두 번째 위험은 "교회와 사회", "신학적 윤리"에 나타나는 비상질서 개념을 통해 해결하려고 하였다. 세 번째 위험은 틸리케에게 있어서 특별한 의미를 가진다. 그는 자신의 신학적 발전과정을 통해 루터의 두 왕국론을 옛 에온과 새 에온 사이의 종말론적 긴장으로 해석하면서 이 문제와 씨름하였다.

법론을 전수받았다. 그러나 그는 루터에게서는 하나님의 나라와 세상 나라가 하나님의 서로 다른 두 가지 통치영역으로 모호하게 공존하며, 바르트에게서는 수직적 계시의 차원이 강조되고 상대적으로 인간 삶의 차원이 도외시되기 때문에 신앙과 현실, 교회와 사회의 괴리가 존재한다고 비판한다. 루터와 바르트에게 역사가 도외시되었다는 것은 인간 실존이 도외시되었다는 것이며 결국 윤리적 차원이 결여되었다는 것이다.

틸리케는 자신의 스승인 알트하우스를 포함한 신루터주의 신학도 잘못된 역사관을 가지고 있음을 발견하였다. 그에 따르면 신루터주의는 루터 두 왕국론을 존재론적으로 이해하여 세상 질서를 하나님 나라와 공존하는 상대적으로 독립적인 영역으로 이해한다. 그 결과 세상 질서는 또 다른 하나님의 계시의 장소가 되며 하나님 나라와 세상은 서로 평화롭게 조화를 이룬다. 여기서 세상질서는 파괴되지 않은 하나님의 창조질서를 나타내며 국가권력도 하나님의 뜻을 실현하는 도구로 이해된다. 그 때문에 신루터주의 신학은 히틀러와 나치정권에 의해서 그들의 권력을 정당화시키는 이론적 토대가 되었다.

틸리케는 루터 두 왕국에 대한 이원론적 해석의 원인이 루터 자신에게 있는 것이 아니라 신루터주의가 루터의 두 왕국론을 잘못 이해한 결과로 본다. 그에 따르면 루터는 결코 세상 왕국을 하나님의 왕국과 나란히 존재하는 독립적 영역으로 보지 않고 하나님의 이중적 통치방식으로 이해하였다. 그 때문에 두 영역이 하나님의 질서 안에서 서로 조화되는 것처럼 오해될 수 있다는 것이다. 이러한 루터의 약점은 틸리케가 볼 때 루터가 죄론을 세상 영역에는 적용시키지 않고 개인적 차원에 제한했기 때문이다. 그 대안으로 틸리케는 루터 두 왕국론에 종말론적 긴장을 불어넣음으로써 루터의 죄론을 역사의 전 영역에까지 확장시키려고 한다. 하나님의 종말론적 명령 앞에서 인간과 역사는 죄의 연대성(Solidaritäet)을 가진다.

틸리케에게 역사는 세상적 사실성만도 아니요 또한 신적인 영역만도 아니다. 그는 오히려 두 차원을 연결시키려고 하였다. 이러한 입장은 신학사적 관점에서 볼 때 그 당시 신학에 있어서 대립적 갈등관계를 형성했던 두 신학자의 학문적 경향을 중재하는 역할을 하였다. 한 사람은 역사의 신적인 차원을 강조했던 계시신학의 대표자 칼 바르트이고 다른 한 사람은 역사의 인간적 차원을 강조했던 창조신학의 대표자 에밀 브루너이다. 이런 의미에서 틸리케의 신학은 동시대의 역사신학에 새로운 방향을 제시했다고 볼 수 있다.

틸리케가 볼 때 역사는 인간의 죄에 감염되었으며 역사 안에서 하나님의 뜻(계명)은 죄의 프리즘을 통해 수정된 형식으로 나타난다. 이 역사는 두 가지 모습을 가지고 있는데 한편에선 타락한 인간의 모습을 나타내며 다른 한편에선 타락의 증상으로서 파괴적 원리에 대립하는 하나님의 활동을 나타낸다. 역사가 타락의 원리에 의해 지배된다면 역사를 향한 하나님의 섭리는 이 역사질서를 용인하는 것, 곧 심판을 무효화하는 것이 아니라 그 심판을 연기하는 하나님의 비본래적인 뜻(voluntas Dei aliena)을 담고 있다. 이러한 역사이해를 틸리케는 일생동안 자신의 역사신학적 -독일에서 역사신학은 역사철학에 상응하는 개념이다- 윤리적 사고를 통해 관철시켜 나간다.

3. 내용의 구성

　신학자들은 일반적으로 두 유형으로 분류될 수 있다. 첫째로 칼 바르트처럼 학문적 전개과정을 통해 자신의 신학적 사고를 수정, 발전시키는 유형이 있고 둘째로 루돌프 불트만처럼 자신의 초기 저작에 신학적 사고를 완성시키고 끝까지 그 입장을 유지해나가는 유형이 있다. 헬무트 틸리케는 전자에 속한다. 그는 자신의 초기 저작인 "역사와 실존"에서 인간과 역사의 연대성에 기초하는 역사 신학적 방법론 형성하고 이것을 자신의 신학적, 윤리적 발전과정 속에서 수정, 보완시킨다.

　틸리케의 사상은 크게 4단계의 발전과정을 나타내는데 그것은 그가 루터와 바르트 그리고 알트하우스에게서 발견한 문제들을 어떻게 해결해 나가는가를 보여준다. 제 1기는 그의 학위논문을 확장한 "역사와 실존(1935)", 제 2기는 첫 번째 교회론인 "교회와 사회(1947)", 제 3기는 윤리적 논문들을 집대성한 "신학적 윤리(1951-58)", 제 4기는 그의 교의학 "기독교 신앙(1968-78)"이다.

　제 2장에서는 틸리케의 초기저작인 "역사와 실존"의 내용을 분석한다. 여기서 틸리케는 역사이해를 자신의 신학의 출발점으로 삼는다. 이 저작은 그의 박사학위 논문인 "구체적 상황의 본질"의 내용을 확장한 것이다. 틸리케의 구상은 타락한 피조물 안에서 창조주의 활동을 신학의 중심주제로 삼는 것이다. 창조주의 활동을 통해 역사는 이중적 구조를 가진다. 역사는 한편에서는 인간에 대한 하나님의 역사(수직적 차원)로 나타나고 다른 한편에서는 하나님 앞에서 인간의 역사(수

평적 차원)로 나타난다. 여기서 인간은 역사의 두 차원이 교차하는 점에 서 있다. 이러한 구도를 통해서 틸리케는 인간의 하나님에 대한 수직적 관계를 그의 역사적 삶 속에서 표현하려고 하였다. 그는 산상수훈에 나타나는 무조건적 명령을 근거로서 제시한다. 원수 사랑의 무조건적 명령은 역사가 타락한 인간의 역사로서 이해되어야 함을 드러낸다. 이 명령은 역사의 수직적 차원을 대신하면서 하나님의 심판의 기능을 수행한다.

제 3장에서는 틸리케의 사상적 기초인 인간학적 역사이해가 그의 교회론 안에서 어떻게 적용되고 발전되는지를 살펴본다. 틸리케의 교회론인 "교회와 사회"의 부제는 루터적 문화윤리인데 이 책은 "역사와 실존"에 나타나는 역사 신학적 사고가 그의 중기 저작인 "신학적 윤리"로 발전되어 가는 과도기적 단계를 형성한다. 여기서 틸리케의 초기 역사이해는 교회론을 통해 수정된다. 교회는 수직적 차원, 곧 하나님과 개인의 관계성 안에 존재한다. 이런 의미에서 개인은 교회의 사회적 기능을 수행한다. 교회는 하나님의 계명의 사회적 기능이 개인을 통해 중재됨으로써 간접적으로 사회와 관계를 맺는다. "교회와 사회"에서 하나님의 명령의 무조건성은 약화되고 그 명령은 역사의 타락을 고려하여 상대화된다. 그리고 그와 함께 역사의 수직적 차원은 수평적 차원 안으로 들어온다. "교회와 사회"는 개인이 교회와 사회를 연결한다는 점에서 사회학적 관심이 아니라 교회론적 관심을 가지고 서술된다. 틸리케가 강조하는 것은 개인의 변화는 사회의 변화를 야기시킨다는 점이다. 역사는 "역사와 실존"에서 제시된 것처럼 인간의 실존구조이기 때문이다. 이런 의미에서 교회의 기능은

역사적 상황을 카이로스, 곧 심판과 구원의 시간으로서 제시하는 데 있다. 말씀의 담지자로서 교회는 그것이 개인의 삶 속에 형상화되는 한 역사를 변화시킨다.

제 4장에서는 틸리케의 윤리사상을 집대성한 "신학적 윤리"를 다룬다. 틸리케는 지금까지 사용해온 귀납적 방법론을 연역적 방법으로 수정한다. 구체적 상황을 통해 역사 전체를 보는 대신에 역사의 구조를 통해 구체적인 윤리적 상황을 규정한다. 역사의 변화는 인간이 윤리적으로 결단해야 하는 상황과 그 상황 속에서 작용하는 윤리적 당위성에 영향을 끼친다. 틸리케의 윤리에서는 윤리적 이론이 아니라 지나가는 시간과 다가오는 시간 사이의 종말론적 긴장을 투영하는 현실성이 중심 주제가 된다. 이 종말론적 긴장은 윤리적 현실을 새롭게 구성하며 이에 상응하여 틸리케의 윤리 안에 있는 모든 영역들은 이 현실로부터 규정된다. 두 시간의 갈등은 인간이 윤리적으로 실존하는 구체적 상황을 규정한다. 구체적 상황은 갈등상황을 형성하며 모든 행동은 타협의 성격을 갖는다. 여기서 타협은 갈등의 해결이 아니라 모든 행동이 지나가는 시간의 죄성에 참여하며 그 때문에 용서아래 있음을 의미한다. 틸리케가 제시하는 갈등상황에서의 유일한 출구는 성령을 통한 "상황적 결단"이다.

제 5장에서는 틸리케의 후기 조직신학 전집인 "기독교 신앙"을 연구한다. 이 시기에 틸리케는 자신의 이차원적 역사 이해를 버리고 성령의 활동의 관점에서 역사를 해석한다. 그럼으로써 그는 자신의 신학체계 안에 내재하는 문제점들을 성령론적으로 해결하려고 시도한다. 인간의 자아는 주체일 뿐 아니라 성령 활동의 대상이다. 한편 역사의 수평적 차원도 성

령이 지나간 과거의 구원사건 뿐 아니라 미래의 재림사건을 현재화함을 통해서 성령 활동의 대상이 된다. 성령은 다가오는 시간을 지나가는 시간 안에 현존하게 함으로써 역사의 두 차원을 통합한다. 틸리케의 사상적 발전과정에 있어서 역사신학적 구도에서 성령론으로의 전환은 중요한 의미를 가진다.

마지막으로 제 6장에서는 틸리케의 사상적 특징을 총괄적으로 평가하면서 그의 사상적 발전과정에 있어서의 변화를 역사이해의 관점에서 서술한다.

제 2 장
되어감 안에 있는 인격과 역사구조: "역사와 실존(1935)"

1. 인간과 역사의 연대성: 틸리케의 초기 역사이해에 나타나는 역사인간학적 구상

 틸리케의 초기저작인 "역사와 실존"에 나타나는 역사는 인간의 이론적 성찰의 대상이 아니라 인간이 역사의 구조를 형성시킨다는 의미에서 인격적인 사건이다.[2] 그는 역사를 인간 실존의 역사성을 통해서 성찰한다. 그는 그 근거로서 인간과 역사의 연대성을 제시한다. 틸리케의 역사신학은 인간이 어떤 방식으로 역사와의 연대성을 인식하는가 하는 질문으로부터 규정되며 이끌어진다. 틸리케는 이 연대성을 역사 안에 있는 삶의 영역들의 "자율성"(Eigengesetzlichkeit)[3] 개념을 통해서 설명한다. 인간이 윤리적으로 행동하는 공간인 역사의

---

[2] Helmet Thielicke, Geschichte und Existenz. Grundlegung evang. Geschichtstheologie, Guetersloh, 1935, 2.Aufl. 1964, 1.

삶의 영역들은 인간이 결코 벗어날 수 없는 특정한 자율적 원리들을 가지고 있다. 이 자율성들은 내재적 규범성(Gesetzmässigkeit)에 의해 지배되는 역사의 본질과 의미에 대한 이해를 제공한다. 인간은 무시간적 존재가 아니라 그가 자신의 역사 안에서 살기 원하고 또 살아야 하는 한 필연적으로 자율성들 안에서 삶을 영위해 나간다. 틸리케는 이러한 역사의 자율성 안에 고립된 인간존재의 모습이 형식적 의미에서 인간과 역사의 연대성을 드러낸다고 주장한다.

틸리케에 따르면 인간과 역사의 연대성을 이해하는 방법은 이론적으로 서로 다른 두 방향으로부터 시도될 수 있다. 하나는 헤겔의 역사철학에서 표현되는 추상화의 방법(Tendenz der Abstraktion)이고 다른 하나는 하이데거의 존재론에 적용된 것과 같은 구체화의 방법(Tendenz der Konkretion)이다.[4] 추상화의 방법에서는 인간 실존이 보편적 규범, 곧 역사의 전체성에 의해서 결정된다. 여기서 역사적 존재로서 인간

---

3) 이 단어의 어원적 의미는 자신 안에 규범을 가지고 있다는 뜻인데 틸리케는 이 의미를 더 확장해서 관계를 거부하고 스스로 존재하려는 성향으로 해석한다. 그는 자율성을 각각의 삶의 영역을 지배하는 자율적 원리와 동일시해서 상용한다. 틸리케에 따르면 역사의 영역들 안에 내재하는 자율적 원리들은 역사의 의미와 인간의 역사성을 직접적으로 표현한다. 이 자율적 원리들은 그것들로부터 역사적 삶이 전개되는 구성적 원리들이다. 그 때문에 틸리케는 역사 영역의 자율성이란 용어를 역사 신학적으로 결정적인 의미를 지닌 것으로 본다. 틸리케는 칸트가 자율성 개념을 가치중립적인(wertneutral) 것으로서 윤리적, 심미적 그리고 이론적인 영역에 국한시킨 것을 비판하고 시종일관 인간적인 것으로 해석한다. 개체적 삶의 영역을 지배하는 구조적 원리로서 자율성은 구체적으로 국가의 자율성, 경제적 삶의 자율성, 법과 정치적 질서의 자율성 등으로 규정할 수 있다. 이러한 자율성들은 기독교적 실존에 있어서 하나님의 계명에 대립해 있는 영역들을 형성한다. 이런 의미에서 틸리케는 자율성들을 역사의 타락의 증상으로서 나타내려고 한다.
4) Thielicke, op. cit., 2.

은 역사의 전체적 과정과는 다른 차원에 존재하며 결국 역사 자체와 분리되어 있다. 한편 구체화의 방법은 인간 실존을 구체적 상황으로부터 이해하려는 시도다. 틸리케는 구체화의 방법이 인간 실존의 본질을 더 잘 드러낸다고 보고 이것을 다시 두 가지 형식으로 나누어서 설명한다. 하나는 존재론적인 현존재 분석을 통한 형식이고 다른 하나는 -하나님이 역사의 주관자로서 인간을 향해 스스로를 나타내는- 계시로부터 구체적 상황 속에서의 인간 실존을 이해하는 형식이다.

    틸리케는 인간과 역사의 연대성을 논증하기 위해서 두 번째 형식을 체택한다. 틸리케가 볼 때 구체화의 방법 중에 첫 번째 형식은 인간의 역사성을 던져진 실존으로서 역사적 상황 속에 갇혀있는 것으로 규정함으로써 단지 인간과 역사의 연대성의 그림자만을 드러낸다고 주장한다.[5] 여기서 역사의 구체적 상황은 직접적으로 인간 실존과 연결되지 않는 실존의 가능요건들만을 본래적으로 지니고 있을 뿐이다. 따라서 이러한 존재론적 분석방법은 인간 실존의 근원과 목표를 이해할 수 없으며 또한 인간과 역사의 연대성이 긍정적이거나 부정적 성격을 가지고 있는지를 평가할 수 없다.

    계시를 통해 구체적 상황과 역사 안에서 형성되는 인간의 자기이해는 존재론적 현존재 분석을 통한 자기이해와는 전혀 다른 차원을 형성한다. 계시의 관점에서 역사를 성찰하는 방식은 하나님의 역사설정(Geschichtssetzung)에서 출발함으로써 인간의 자의식은 피조된 존재로서의 자의식으로 나타난다. 여기서 인간은 자신의 이중적 실존방식을 체험한다. 그것은 곧 하나님과의 관계, 그리고 역사와의 관계다. 틸리케는

---

5) Ibid, 11.

이러한 인간의 이중적 실존방식을 역사의 이차원성으로서 재구성하였다. 하나님은 먼저 주체로서 역사를 인간에게 성취시키고 다시 이 역사가 하나님 앞에서 인간의 역사가 되도록 인간을 그 안에 주체로서 세운다.[6] 이 역사구조 속에서 인간은 단지 하나님의 역사설정 행위의 대상일 뿐 아니라 이 행위를 받아들이는 존재다. 이와 같이 역사는 이중적 차원을 가진다. 하나는 수직적 차원(인간을 향한 하나님의 역사)이고 다른 하나는 수평적 차원(하나님 앞에서 인간의 역사)이다. 이러한 이차원적 역사이해는 틸리케의 모든 신학적 진술의 출발점이다. 그는 이 역사이해를 통해서 자신의 신학의 구체적 주제들 안으로 들어가며 또한 이것을 그 주제들과 관련하여 더욱 심화시키고 발전시킨다.

틸리케가 성찰하려고 하는 수평적 역사는 수직적 역사 안에 존재하는 인간의 역사성과 분리될 수 없다. 하나님의 역사설정을 전제하지 않고는 인간의 본질에 대한 지식을 얻을 수 없는 것처럼 인간의 역사성을 떠나서 역사에 대한 인식은 불가능하다. 그러므로 틸리케의 역사신학 안에서는 인간이 자신의 수평적 역사와 함께 수직적 역사에 의해 규정됨을 논증하는 것이 중심주제를 형성한다. 틸리케는 죄와 타락에 대한 적절한 이해를 얻기 위해서 이러한 역사의 서로 다른 두 차원을 연결시킨다. 그는 인간 타락의 개념을 가지고 인간과 역사의 연대성을 제시하려고 시도한다. 타락은 역사 전체 뿐 아니라 개체적인 역사적 실존의 증상이다. 틸리케는 이것을 밝히기 위해서 특정한 규범성이 지배하는 역사구조를 신학적으로 해석한다. 여기서 어떤 근거에서 인간이 역사와 연대성을 가

---
[6] Ibid, 7.

지는가 하는 질문이 제기된다. 앞으로 이어지는 내용에서는 이 질문과 함께 어떻게 틸리케가 수직적 역사와 수평적 역사의 결합을 신학적으로 타당하게 전개시켜 나가며 또한 그의 역사이해 안에서 자율적인 역사의 과정이 구원사와 같은 이미 결정된 내재적 목적론에 근거하는지 아니면 자율적 인간에 의해서 이끌어지며 조정되는가 하는 문제가 다루어질 것이다.

(1) 인간과 역사의 연대성의 근거: 인간 타락의
    표징으로서의 역사

틸리케가 인간과 역사의 연대성의 인식근거는 산상설교에 표현되는 것과 같은 하나님의 "무조건적, 종말론적 명령"이다. 이 명령이 무조건적인 이유는 그것이 역사 안의 삶의 영역들을 지배하는 상대적인 규범들을 통해서는 성취될 수 없는 요구를 담고 있기 때문이다. 예를 들어 산상설교의 원수사랑의 명령은 경제질서 안에 내재하는 경쟁의 원리를 인정하지 않는다. 한편 이 명령이 종말론적인 이유는 그것이 마치 다가오는 하나님의 나라가 현재 안에 이미 실현된 것처럼 명령하기 때문이다. 그 명령의 내용은 역사의 자율성에 대립해 있기 때문에 그 명령의 성취는 곧 역사의 종말론적 파국을 의미한다.[7] 이런 의미에서 그 명령은 새로운 에온(시간)의 율

---

7) Ibid, 62f. 틸리케는 원수사랑의 종말론적인 명령을 실현하기 위해서 모든 사람이 소유를 모두 팔아 가난한 자에게 주고 가진 자나 없는 자나 동일한 요구 아래 놓여진다면 인간의 삶은 생산체계가 마비되고 모두 굶어죽게 될 것이라고 주장한다. 그는 또한 인류가 악에 대해 저항하지 않고 평화를 위해 투쟁하지 않는다면 역사는 무질서와 혼돈으로 떨어지게 될 것이라고 본다.

법이다. 하나님의 명령의 무조건성과 역사초월성 때문에 인간과 그의 역사는 스스로 안에서 그 명령의 성취를 이끌어낼 수 없다.[8] 틸리케는 이 명령의 성취불가능성은 그것의 초월적 성격에 기인한다기 보다는 전 역사가 타락해 있음을 드러낸다. 하나님은 인간에게 무조건적으로 명령하면서 인간과 역사의 반창조적 성향을 지적한다.

무조건적 명령은 역사 안에서 인간의 윤리적 행동을 목표로 하는 것이 아니라 오히려 인간 실존과 역사를 심판아래 세운다. 여기서 결정적인 문제는 그 명령을 성취할 수 없음이 아니라 그것을 성취할 수 없는 인간과 그의 역사다. 무조건적 명령은 그 내용이 성취되고 모두가 자기 이웃을 자기 몸처럼 사랑하게 되는 그러한 역사가 존재할 수 없다는 의미에서 인간 뿐 아니라 역사 자체를 포괄한다.[9] 이 명령을 통해서 인간이 자신을 역사와 분리시킬 수 없음이 분명해진다.

틸리케에게 있어서 무조건적 명령의 성취불가능성은 "자존지향성"(Selbstseinwollen)[10]이 역사적 삶의 근본적인 규범성이라는 사실을 드러낸다. 왜냐하면 그 명령은 하나님 사랑과 이웃 사랑에 기초해 있기 때문이다. 틸리케는 역사의 삶의 영역들 안에 내재하는 자율성을 "자존지향성"의 직접적 구성

---

8) 이와 관련하여 윤리학자 빌팅은 하나님의 계명이 인간의 윤리적 가능성을 넘어서는 요구를 담고 있다는 틸리케의 윤리적 전제가 불완전하다고 비판한다. H. J. Wilting, Der Kompromiss als theologisches und als ethisches Problem, Duesseldorf, 1975, 101.
9) Thielicke, op. cit., 61f.
10) 이 단어의 문자적 의미는 스스로 존재하려는 성향인데 틸리케는 이것을 자기(auto) 안에 규범(nomos)을 가지고 있다는 자율성(autonomy)의 어원적 해석과 윤리적 관점에서는 동일한 것으로 본다. 말하자면 자존지향성과 자율성은 관계를 거부하는 것이다.

원리로서 이해한다.[11] 틸리케는 이제 이 자존지향성을 인간과 역사의 연대성의 가장 두드러진 증상으로 이해한다.[12] 그것은 수평적 역사 안에 자율적 전개과정이 내재함을 드러내는 규범성만을 의미하는 것이 아니라 오히려 인간이 자존지향적인 역사와 연대적으로 행동할 수밖에 없다는 의미에서 인간의 하나님에 대한 "반역"(Rebellion)을 드러낸다. 인간은 타인과의 관계를 통해 형성되는 자신의 수평적 역사 안에서 하나님에 대한 자존지향성을 현실화한다. 무조건적 명령은 인간과 그의 역사가 하나님의 역사설정의 대상이라는 사실을 인식시키면서 수평적 역사를 스스로 전개시켜 나가려는 인간의 모든 시도를 차단한다. 한편 틸리케는 이러한 자존지향성에 대한 부정적 평가와 함께 그것의 긍정적인 의미도 제시한다. 역사의 역동적인 충동으로서 자존지향성은 특수한 기능을 수행하는데, 틸리케는 그 근거를 개인적 자존지향성과 역사의 자율적 삶의 영역들 안에 내재하는 자존지향성이 변증법적 상호작용을 한다는 사실에서 발견한다. 역사의 자존지향성 안에서 자신을 현실화시키는 개인적 자존지향성은 수평적 역사를 구성하며 또한 역사의 자존지향성은 맹목적으로 확장될 수 있는 개인적 자기주장을 통한 무질서를 방지하는 역할을 한다. 그러나 이러한 틸리케의 사고에 있어서 개인적 자존지향

---

11) Ibid, 51.
12) 벤툼은 이러한 틸리케의 이해에 의문을 제기한다. "하나님과의 인격적 관계가 특정한 제도나 질서들 안으로 들어갈 수 없다는 사실을 도덕적 결함이나 죄로 규정할 수 없으며 오히려 단순히 인격적 관계가 개인들의 영역에만 국한된다는 사실로서 설명될 뿐이다. 세상의 물질적 구조들은 다만 물질적인 것으로 존재할 뿐이며 결코 인격적인 것이 될 수 없다." A. V. Bentum, Helmut Thielickes Theologie der Grenzsituation, Paderborn, 1965, 209.

성이 역사의 카오스를 막을 수 있는 가능성은 여전히 불투명하다.

틸리케는 개인적 자존지향성과 역사의 연속성 사이에 어떤 상호작용이 존재하는가를 명료하게 서술하지 못하고 있다. 그 때문에 원칙적으로 자존지향성이 역사의 무질서를 제거한다는 반론이 제기될 수 있다. 그의 초기 저작인 "역사와 실존"에서는 어떻게 자존지향성이 역사의 보존을 위한 긍정적 기능 속에서 이해될 수 있는지는 설명되지 않았으며[13] 또한 그것과 수직적 역사의 규범성인 무조건적 명령과의 관계도 언급되지 않았다.

무조건적 명령은 인간이 역사의 삶의 영역들과의 연계성을 통해서 필연적으로 자존지향적 존재로서 살고 있음을 나타낸다. 여기서 그 명령은 하나님으로부터가 아니라 자신으로부터 존재하려고 하는 역사 전체를 심판아래 세운다. 무조건적 명령에 직면하여 인간은 자신의 실존영역인 역사의 자율적 질서들로부터 단절되어 존재할 수 없으며 그 안에서 중립적으로 살아갈 수 없음을 경험한다. 이러한 사실은 개인이 결정론적으로 역사의 타락 안으로 던져졌다는 것이 아니라 이미 이웃에 대립하는 개인의 자존지향성(수평적 차원)이 자율적 원리들을 통해서 하나님에 대립하는 자존지향성(수직적 차원)을 현실화함을 의미한다. 인간은 역사의 자율성들 속에서 자신이 타락하게 된 원리를 발견하기보다는 이미 그 안에

---

13) 틸리케는 이후에 자신의 윤리에서 "율법의 정치적 용법"(usus politicus legis)을 통해 처음으로 이 문제를 다룬다. 거기서 역사의 자존지향성을 드러내는 역사영역들의 자율적 원리들은 긍정적인 기능을 수행한다. 다시 말해서 그것들은 하나님의 보존의 의지를 함축한다.

서 스스로를 자존지향적 존재로서 인식한다. 인간은 무조건적 명령에 직면하여 역사영역들의 자율성을 자신의 자존지향성의 표현으로서, 다시 말하면 자신의 타락의 표현으로서 인식하지 않을 수 없다. 그의 역사 안에서의 삶은 필연적으로 그 자율성에 따라서 유지되기 때문이다. 인간과 역사의 연대성은 이 자존지향성 안에서 드러난다. 이런 의미에서 역사의 자율적인 삶의 영역들은 인간 실존의 장소일 뿐 아니라 그가 자신의 타락을 객관적으로 재발견하는 실존의 형식이다. 이와 같이 죄는 개인을 넘어서 역사적 연합을 형성한다. 인간은 타락한 역사의 지체로서 그 역사의 타락에 함께 관여한다. 틸리케는 이러한 역사와의 연대성을 바울의 인간관에서 나타나는 인간의 육체로의 속박으로 설명한다.[14] 무조건적 명령아래서 인간과 역사의 연대성은 그가 역사 안에 실존하는 한 벗어날 수 없는 하나의 운명과 같은 것이다. 인간은 역사를 이해하면서 자신의 역사성 안에서 스스로를 이해한다. 결국 틸리케는 두 방향에서 논증을 시도한다: 역사의 죄는 인간 자신의 것이며 인간에 대한 심판은 곧 역사에 대한 심판이다.

(2) 인간과 역사의 연대성의 인식영역

인간과 역사의 연대성이 드러나는 곳은 인간이 하나님의 무조건적 명령에 직면할 뿐 아니라 특정한 자율적 원리가 지배하는 "구체적 상황"이다. 이 상황에 대한 이해는 틸리케

---

14) 틸리케는 다음과 같이 쓰고 있다: "육체적 존재로서 우리는 죄된 현존재이며 또한 육체를 통해서 죄인이 된다; 역사 안에서 우리는 죄인이며 또한 역사를 통해서 우리는 항상 새롭게 죄를 현실화한다"(GE, 63).

의 이차원적 역사구조와 관련된다. 구체적 상황은 역사의 수직적 차원과 수평적 차원의 교차점이며 인간은 동시에 이 두 차원과 연결되어 있다. 인간은 이 역사적 상황 속에서 수직적 역사의 무조건적 명령에 부딪치며 스스로를 역사와 연대적인 존재로서 고백하도록 요청된다. 인간은 그 장소에서 역사의 수평적 차원을 "하나님 앞에서 자신의 역사"로서 경험한다. 바로 이러한 방식으로 인간은 역사의 두 차원을 매개한다.

인간과 역사의 연대성은 틸리케가 역사를 인간의 역사성으로부터 성찰하는 결정적인 근거가 된다. 여기서 만일 인간이 역사와의 연대성을 통해 자신의 하나님과의 관계성 뿐 아니라 동시에 역사의 자율적 운동과의 관계성을 인식한다면 그는 당연히 자신의 역사적 실존의 구체적 상황 속에서 하나님과의 관계성을 인식할 수밖에 없다.[15] 역사의 두 차원은 인간의 역사성을 통해 서로 연결된다. 따라서 인간과 역사의 연대성과 함께 역사의 두 차원의 연관성을 드러내는 구체적 상황은 역사 전체의 의미를 함축한다고 볼 수 있다. 구체적 상황은 자존지향성이 인간의 삶과 자율적 역사전개의 본질적인 구성요소임을 나타낸다. 그 상황 안에서 인간에 대한 진술은 곧 인간의 역사에 대한 진술이며 또한 거꾸로의 논증도 타당하다.

구체적 상황은 인간이 역사의 특정한 자율적 원리를 통해서 자신의 자존지향성, 다시 말해서 자신의 타락을 현실화하는 장소다. 여기서 인간은 자신의 역사의 주체로서 역사의 타락에 책임적이다. 한편 구체적 상황은 인간에 역사를 설정

---

15) Ibid, 38.

하는 하나님의 행위에 의해서 하나의 역사가 실현되는 장소다. 여기서 인간은 하나님의 역사 설정의 객체다. 틸리케에 따르면 이러한 이차원적 역사이해는 역사가 오직 인간의 자율적 성취가 되고 세상적이며 가시적인 현실성 속에서 소멸되어 버리거나 역사가 수평적, 구체적 역사성의 기초 없이 허공에 떠있는 초월적 사건으로서 인간에게 성취될 수 있는 두 극단적 한계를 보완한다.[16] 이와 같이 인간에 의해서 유지되는 수평적 역사는 수직적 역사에 의해서 규정된다. 오직 인간이 하나님의 무조건적 명령에 직면하는 구체적 상황에서 이 사실이 명백해진다.

(3) 연대성의 근거를 통한 연대성으로부터의 자유

하나님의 무조건적 명령아래서만 그 의미가 부여되는 인간과 역사의 연대성은 그 명령의 성취불가능성에서 표현되는 자유의 개념과 직접적으로 관련된다. 이 명령은 틸리케에 따르면 "하나님의 행위"(operatio Dei)의 형식 속에서 그 기능을 수행한다. 그것은 자존지향적인 인간에게 하나님과 이웃을 위해 존재하도록 요구함으로써 결단을 위한 하나님의 부르심을 전달한다.[17] 하나님은 그 부르심이 수직적 역사 안에서 인간에게 전달되게 하며 그럼으로써 인간을 이 역사 안으로 들어오도록 요구한다. 여기서 하나님은 역사의 두 차원을 인간의 자유에 기초한 영역으로 세우려는 모든 시도를 차단한다. 인간은 하나님과의 역사를 자신으로부터 현실화할 수

---

16) Ibid, 16.
17) Ibid, 31.

없을 뿐 아니라 수평적 역사와의 타락의 연대성으로부터도 의지대로 벗어날 수 없다. 틸리케에 따르면 인간의 주체로서의 기능은 오직 하나님의 "역사설정 행위"[18]에 기초한다. 이점에서 틸리케는 루터가 자신의 "두 왕국론"에서 "종속의지" (servum arbitrium)를 수직적 차원에 제한시키고 수평적 차원에 있어서는 인간에게 자유로운 결단과 행위의 권리가 부여되었다고 주장한 것을 비판한다.[19] "종속의지"는 그것이 오직 인간의 하나님에 대한 대립적 관계를 의미하는 한 수평적 역사에까지 확장된다. 왜냐하면 이 역사 자체가 인간과의 연대성을 통해 그 대립적 관계를 표현하기 때문이다.[20] 이처럼 역사의 두 차원은 인간이 무조건적 명령에 통해 이중적 부자유를 경험하는 구체적 상황 안에서 서로 관련된다.

무조건적 명령은 틸리케에 따르면 그것의 부정적 작용인 무조건적 심판외에 하나의 긍정적인 기능을 갖는다. 틸리케는 그 긍정적 기능을 "소명"(Berufung)으로 그리고 그것의 반대를 "완고함"(Verstockung)[21]으로 설명한다. 이 둘은 수직적 역사의 구성요소다. 인간에게 결단을 요구하면서 하나님은 그에게 "소명"과 "완악하게 함" 안에서 행동한다. 이에 상응하여 인간은 하나님을 향하여, 아니면 하나님의 뜻을 거슬러 결단한다. 틸리케는 수직적 역사 안에서의 이러한 두 활동성은 역

---

18) 이것은 틸리케에게 있어서 하나님의 무조건적 명령을 의미한다.
19) Ibid, 34.
20) Ibid, 35.
21) 무조건적 명령이 인간과 그의 타락한 역사에 제시하는 심판은 수직적 역사 안에서 하나님의 활동성을 드러낸다. 이런 의미에서 무조건적 명령은 완악하게 하는 기능을 수행한다. 이와 관련해서 출 5:1f, 롬 9-11에 나오는 바로와 이스라엘의 완악함을 참고하시오.
22) Ibid, 31.

설적인 것이 아니라 항상 서로 교차하는 것이다.[22] 둘은 오직 변증법적으로만 이해될 수 있다.[23]

결국 무조건적 명령의 부정적 작용인 완악함은 틸리케의 시스템 안에서는 수직적 역사의 비본래적이면서도 필수적인 구성요소로 존재한다고 볼 수 있다. 왜냐하면 그것은 하나님에 대한 부정적 성향 속에서 하나님과 인간 사이의 역사를 형성시키기 때문이다. 무조건적 명령이 타락한 역사에 선고하는 심판은 이런 의미에서 변증법적으로 하나님의 은혜를 예증한다. 인간이 무조건적 명령을 듣는다는 것 자체가 이미 은혜다.[24] 그리고 거꾸로 은혜는 인간이 하나님의 역사설정의 수동적 대상으로서 자기 힘으로 역사와의 연대성을 해체하고 하나님과의 역사 안으로 들어올 수 있는 자유를 소유하지 못했다는 사실을 드러내면서 그를 심판 속으로 인도한다. 이렇게 해서 틸리케의 역사이해에서 은혜가 심판과 한 쌍을 이루며 전체적인 역사의 과정이 긍정적인 의미를 형성하게 되는 배경이 서술되었다.

"소명"과 "완고함"은 모든 현실적인 것의 이니셔티브가 하나님에게 있음을 시사한다. 그러나 이러한 수직적 역사의 두 구성요소가 하나님이 직접적, 간접적으로 역사를 조종한다는 것을 의미하지는 않는다.[25] 그것들은 또한 하나님이 결단으로의 부름을 통해 인간에게 수직적 역사 안에 들어올 수 있는 종속의지(servum arvitrium)로서의 순간적인(punktuell)

---

23) 틸리케는 이 내용을 다음과 같이 서술한다: "그것은 마치 긍정적인 것이 먼저 부정적인 것을 통해 구성되고 그 때문에 부정적인 것 자체 안에 긍정적인 의미가 부여되는 것과 같다"(Ibid., 30).
24) Ibid, 10.
25) Ibid, 30.

자유를 주었다는 의미에서 규범적 성격(imperativischen Chrakter)을 지닌다. 수직적 역사가 그 두 구성요소를 통해 인간의 지속적인 자유를 제한하기 때문에 인간은 자신의 역사와의 연대성을 의지대로 변화시킬 수 없다. 자유는 하나님이 인간에게 그것을 성취하도록 요구하는 한 언제나 성취의 대상이다. 틸리케에게 있어서 자유란 수평적 역사 안에 내재하는 것이 아니라 오직 이 역사 그리고 그것과의 연대성으로부터의 자유를 의미한다. 그렇다면 하나님을 향한 결단과 하나님을 거스르는 결단의 두 가능성은 수직적 역사 안에서 대등한 구성요소로서 다루어질 수 없다. 무조건적 명령은 인간에게 긍정적 결단을 요청한다. 긍정적 결단은 인간의 능력이 아니라 하나님으로부터의 위임에 기초한다. 틸리케는 그 때문에 "완악함"을 무조건적 명령의 필수적인 구성요소로서 "소명"에 이론적으로 요구되는 대립개념이 아니라 그것의 구원사적 기능 안에서만 이해될 수 있는 "경고의 명령"(Imperativ der Warnung)으로 규정한다.[26]

소명과 완고함 그리고 심판과 은혜의 형식으로 작용하는 무조건적 명령은 인간과 역사의 연대성의 근거일 뿐 아니라 이 연대성으로부터의 자유의 근거가 된다. 인간은 하나님으로부터 이 자유를 향해 부르심을 받았으며 그 때문에 그는 스스로에게 이 부르심을 실현시킬 수 있고 또한 실현시켜야 한다.

(4) 연대성의 인식영역에서 자유와 결정의 공존

틸리케의 이차원적 역사이해는 인간이 자신의 역사 안에

---
26) Ibid, 32.

서 "주객전이적으로"(transsubjektiv) 행동해야 함을 나타낸다. 역사 안에서의 "주객전이성"(Transsubjektivität)은 두 가지 사고를 통해 논증될 수 있다. 하나는 하나님이 자신의 수직적 차원에서의 역사 설정을 통해서 인간의 자기결단을 제한한다는 것이며, 다른 하나는 인간이 선천적으로 자신의 역사 안에 연결되어 있을 뿐, 역사구조를 의지대로 변경시킬 수 없으며, 주어진 구조를 그대로 유지할 수밖에 없다는 것이다. 다시 말해서 인간은 역사의 수직적 차원과 수평적 차원에서 역사의 자유로운 주체로서 행동할 수 없다.

이러한 인간의 이중적 부자유는 오직 무조건적 명령을 통해서만 이해될 수 있다. 그 명령은 역사의 자율성을 통해 상대화될 수 없는 실행을 요구하면서 인간의 죄된 역사성과 함께 그의 전 실존을 향한다.[27] 여기서 인간실존은 자신의 자유의 한계를 체험한다. "인간의 존재"(das Ich bin)가 "인간의 의지"(das Ich will)에 대해 본래적인 주체였지만 이제 그것은 객체가 된다.[28]

이러한 역사의 주객전이성은 인간을 밖으로부터 지배하는 강제성이 아니라 인간과 역사의 연대성에 기초하는 내적인 필연성이다. 따라서 자유와 운명은 모순적이라기 보다는 인간이 주체로서 그 운명을 스스로에게 귀속시켜야 한다는 의미에서 변증법적으로 설명될 수 있다. 말하자면 인간은 필연성에 대한 이해를 통해 간접적으로 자유를 체험한다. 이 자유는 단순히 역사 안에서 인간이 지니고 있는 자질이 아니다. 그것은 오히려 하나님이 인간을 자신의 죄된 역사로부터 벗

---

27) Ibid, 66f.
28) Ibid, 67.

어나도록 부르면서 수직적 역사로부터 주어진다.

인간을 그의 역사와 함께 연대적으로 규정하는 무조건적 명령은 또한 역설적 의미에서 인간이 이 연대성으로부터 자유케 됨을 의미한다. 따라서 인간은 역사와의 연대성을 처음으로 경험한 곳에서 그 연대성의 운명으로부터 자유하도록 불러진다. 이와 같이 연대성의 심판과 소명의 은혜가 인간이 실존하는 역사의 구체적 상황에서 공존한다.

2. 역사의 수직적 차원과 수평적 차원의 관계

(1) 창조질서

인간이 무조건적 명령 아래서 역사와의 연대성을 인식하는 구체적 상황은 역사의 의미규정이 인간 실존의 의미규정과 동일함을 드러낸다. 이 상황 속에서 수평적 역사는 그 역사의 지체로서 인간이 하나님의 수직적 역사 설정을 통해 규정된다는 의미에서 수직적 역사 안으로 들어온다.

이와 관련해서 틸리케는 역사를 세 영역으로 구분한다. 첫째는 하나님이 인간을 관계로 부르는, 그리고 그러한 의미에서 신앙에만 열려 있는 사실로서의 현재적 창조행위[29](역사의 수직적 차원)이고, 둘째는 그 창조행위에 기초해 있는 역사의 영역들(역사의 두차원의 교차점으로서 구체적 상황)이며, 셋째는 이러한 하나님의 직접적 창조행위 밖에 있는 역사

---
29) 틸리케는 하나님의 말씀과 행위를 동일시한다. 하나님은 말씀을 통해 행동한다. 창조의 말씀은 곧 창조행위다.

의 삶의 영역들(구체적 상황 밖에 있는 수평적 역사의 영역들)이다.[30] 틸리케는 여기서 하나님의 창조행위를 무조건적 명령의 의미에서 해석한다. 그 명령은 인간에게 마치 그가 하나님과의 관계가 깨어지지 않은, 피조된 본래모습 그대로인 것처럼 명령하기 때문에 창조의 계명으로서 나타난다. 하나님은 자신의 피조물에게 무조건적으로 명령하면서 창조주로서 활동한다.

역사가 세 영역으로 구분되는 것은 역사의 두 차원이 서로 교차되는 구체적 상황이 존재하기 때문이다. 수직적 역사가 수평적 역사 안에 있는 한 장소에서 현실화되면서 수평적 역사는 두 영역으로 나누어진다. 하나는 무조건적 명령아래서 인간과 역사의 연대성이 인식되는 곳이며 다른 하나는 이 연대성이 상대적으로 은폐되어 있는 영역이다.

그러나 여기서 세 영역의 본질은 아직 명확하게 규정되지 못하고 있다. 이차원적 역사이해를 창조질서 개념을 통해 전개시켜 나가기 위해서는 먼저 세 영역의 경계설정이 분명해져야 한다. 그러한 작업 없이는 창조의 전체성과 타락의 전체성이 이차원적 역사이해 안에서 성립되어야 한다는 의미에서 창조질서를 구체적으로 서술해 나가기가 어렵다. 틸리케에 따르면 그 경계설정을 시도하는 데는 두 가지 어려움이 있다. 첫 번째 난제는 역사의 한 장소로서 무조건적 명령을 통해 하나님의 창조행위가 이루어지고 있는 위에서 언급했던 두 번째 영역이 역사의 두 차원에 동시에 연결된다는 데 있다. 이 장소에서 역사의 두 차원은 서로에게 속해 있어서 그 안

---

30) Ibid, 89.

에서는 조정하는 하나님의 뜻과 조정되어지는 무질서 사이의 구분이 모호하다.[31] 다시 말해서 이 영역은 하나님의 창조행위 (수직적 차원)에도 적용되고 타락한 역사(수평적 차원)에도 적용된다. 그 때문에 역사 안에서 창조와 타락의 공존을 긍정적으로 서술하기가 어려운 것이다. 만일 역사가 인간 앞에 죽음의 영역으로만 존재한다면 역사에 대한 하나님의 행동은 창조의 관점에서 볼 때나, '의인'(Rechtfertigung)의 관점에서 볼 때나 불명료해질 수밖에 없다. 기독교 신학은 어떻게 해서든지 창조와 죄의 현존을 동시에 설명해야 한다.

두 번째 난제는 두 번째 영역으로서 구체적 상황과 역사의 수평적 차원 안에 있는 다른 영역들 사이의 경계설정의 문제다. 이 구체적 상황에 대한 인식가능성이 체계적으로 서술되지 않는다면 그것을 수평적 역사로부터 구별해낼 수 없다.[32] 이러한 이유 때문에 틸리케의 사고 안에서는 역사의 두 차원이 공존하는 장소를 찾는 것이 무의미하게 보인다. 그의 의도는 오직 죄의 현실이 구체적 상황과 수평적 역사를 서로 연대적으로 만든다는 사실만을 논증하려는 것이다.[33] 틸리케가 볼 때 그 장소는 수평적 역사 밖에 있는 별도의 공간이 아니라 인간이 자신의 타락한 역사 속에서 무조건적 명령에 직면한다는 의미에서 그 역사 안에 존재한다. 한편 이 장소는 어떤 방법으로든지 수평적 역사의 다른 영역들과 구분되어야 하는데, 그 이유는 그 장소가 수평적 역사의 모든 영역에서 보편적이고 인식 가능한 것이 아니라 오직 역사의 두 차원이 교차

---

31) Ibid, 90.
32) Ibid, 92f.
33) Ibid, 97.

하는 한 장소에서만 점적으로(punctum mathematicum) 존재하기 때문이다. 틸리케에 의하면 마치 전체 역사 안에서 곡식과 가라지, 교회와 세상이 공존하는 것처럼 수직적 역사와 대면하는 구체적 상황으로서 한 영역과 수평적 역사 사이의 경계설정은 존재하지만 설명할 수 없는 난제다.[34]

틸리케는 자신의 이차원적 역사이해 안에 내재하는 이 두 가지 난제를 창조이해의 지평에서 해결하려고 시도한다. 그는 역사를 독특한 방법으로 창조에 귀속시킨다. 그에 따르면 창조는 그것으로부터 역사가 타락하여 떨어져 나간, 그리고 과거에 한번 있었지만 지금은 단지 흔적으로만 존재하는 어떤 원초적 상태를 의미하지 않는다.[35] 오히려 그것은 하나님과 인간의 관계에 기초하며, 그 때문에 역사의 지금, 여기에서 나타나는 현실적이며 실존적인 사건이다.[36] 틸리케는 창조를 오직 창조주와 그의 창조행위를 통해 설명한다. 인간은 하나님의 창조행위의 결과물일 뿐 아니라 또한 그 행위의 대상이다. 만일 창조가 지나가 버린 과거의 한 시작에 불과하다면 역사의 타락은 과거 속에 묻혀버리고, 그 결과 그것이 가지는 역사적 성격은 상대화된다. 창조의 전체성에서 볼 때 창조는 마치 그것과 역사가 분리되어 나란히 존재하듯이 시간과 공간을 통해 역사의 한 부분을 점유하는 것으로 볼 수 없다.[37] 부분적인 타락 뿐 아니라 부분적인 창조도 비역사적인

---

34) Ibid.
35) Ibid, 155.
36) Ibid, 157. 이러한 틸리케의 창조이해는 그의 역사신학적 사고와 관련된다. 그는 하나님의 현재적인 창조주로서의 활동성 안에서 역사의 두 차원을 서로 연결시키려고 시도한다.
37) Ibid, 156.

것이다. 그 때문에 틸리케는 역사를 창조가 그 역사의 삶 속에 드러나는 장소로 만들려고 시도한다. 그는 그 근거를 하나님이 창조주로서 무조건적 명령을 통해 활동한다는 것에서 찾는다.[38] "활동적인 규범"(lex actualis)으로서 무조건적 명령이 전 역사를 타락한 피조물로 규정하고 하나님의 창조의지가 그 역사 안에 작용하고 있음을 암시하면서 타락이라는 역사적 상황 속에 있는 피조물에게 무조건적으로 요구하는 창조주로서 하나님의 현실성이 인식된다.[39]

하나님의 활동성과 그의 명령은 무시간성이 아니라 바로 지금, 여기서 성취되는 현재성을 의미한다.[40] 이것에 관련해서 틸리케는 창조행위와 창조의 명령을 구분하지 않는다. 그 이유는 그가 창조를 시간의 시점이 아니라 관계의 시작으로 보는데 기인한다. 창조의 말씀은 피조물의 존재 뿐 아니라 창조주와 피조물의 관계를 생성하고 유지한다. 하나님은 창조주로서 인간에게 말씀하시고 인간이 그것을 듣고 응답함을 통해 창조주와 피조물의 관계가 성립된다. 결국 창조행위와 창조의 명령은 하나님의 말씀을 통해 구성되며 무조건적 명령 안에 현존한다. 창조주와 피조물의 관계가 이렇게 역사 안에 작용하면서 창조의 현재성이 성취된다. 역사는 태초의 순결한 상태에서 분리된 자연질서의 전개과정이 아니라 창조주의 활동성 안에서 일어나는 사건이다. 그렇다면 틸리케의 관점에서 인간과 역사의 연대성이 드러나는 역사적 장소는 창조질서로

---

38) Ibid, 159.
39) Ibid, 153.
40) Ibid, 156.
41) 이와 관련해서 베르거는 틸리케의 창조질서 개념을 비판한다. 그에 따르면 창조주의 요구로서 피조세계를 넘어서 있기 때문에 피조물은 인식할 수 없는 창

서 이해될 수 있다.[41] 이러한 사고는 바로 그 장소에서 하나님의 창조행위가 나타난다는 데 근거한다.[42] 이런 의미에서 타락과 창조는 하나의 동일한 창조질서 안에 내재한다. 틸리케는 이처럼 창조를 타락한 피조세계인 역사를 통해서 바라본다. 그에게 있어서 죄의 처참함은 창조와의 상반성 속에서 드러나는 것이 아니라 오히려 창조의 영광이 인간의 역사적 실존형식인 죄에 대한 대립적 관계 속에서 더욱 명료해진다.[43]

역사의 타락이 창조주의 활동에 기인하는 것이 아니며 창조로부터 전개되는 것이 아닐지라도 창조 자체는 타락한 역사 안에 현존한다. 창조질서가 타락한 역사의 전체성 안에서 논의되는 것처럼 창조도 같은 의미에서 다루어져야 한다. 하나님은 창조주로서 피조물에게 무조건적으로 명령하면서

조질서라는 용어를 창조주와 피조물의 규범적 관계에만 사용하고 타락한 세상의 보편적 질서에는 적용하지 않는 것은 신학적으로 바람직하지 못하다.(K. Berger, Gottes Wille und geschichtliche Wirklichkeit, Basel, 1936, 48). 창조질서와 관련하여 베르거는 틸리케에 반대하여 하나님의 요구가 아니라 하나님의 말씀을 통한 은혜의 측면에 더 강조점을 둔다. 그는 예수 그리스도 안에 있는 말씀이 은혜의 말씀이면서 동시에 요구의 말씀이라는 것을 근거로 들면서 은혜는 다름 아닌 창조질서의 성취라고 주장한다. 베르거는 틸리케의 이차원적 역사이해를 거부한다. 그에 따르면 역사 안에는 두 개의 층이 존재한다. 하나는 본래적 창조를 의미하는 기초층(Grundschicht)이고 다른 하나는 타락한 세상을 나타내는 표면층(Oberflächenschicht)이다(59). 여기서 베르거는 오직 신적인 질서에만 집중한다. 이와 함께 그는 틸리케의 역사와 인간의 연대성 개념의 중심주제인 역사질서의 인간성을 거부한다. 베르거는 인간자아와 그의 역사의 동일성을 역사신학의 필요한 전제로 보지 않는다. 왜냐하면 그는 그러한 시도가 역사철학에 나타나는 모호성의 위험을 내포하고 있다고 보았기 때문이다(61).

42) Thielicke, op. cit., 89.
43) Ibid, 157.

타락한 역사 안에서 활동한다. 그러나 이러한 틸리케의 사고에는 수평적 역사 안에서의 하나님의 창조적 활동성은 여전히 불명료한 채로 남아있다. 왜냐하면 하나님의 창조행위는 오직 창조질서, 곧 수직적 역사 안에 존재하는 무조건적 명령 안에서만 현존하기 때문이다.

틸리케에게 수평적 역사는 두 영역 - 창조질서와 그밖에 남아있는 자유영역 - 으로 나누어질 수 없다. 창조질서는 결국 역사와 창조가 분리되어서가 아니라 긍정적 관계 속에 있음을 시사한다. 창조질서는 역사 안에서 창조주의 창조활동이 설명되기 위해서 그의 긍정적인 의도를 함축하고 있어야 한다.[44] 틸리케는 자신의 창조질서 이해를 통해 창조의 영역을 탐구하려고 하지 않고 오히려 타락한 피조세계 안에 두드러지게 나타나는 창조의 관계와 그것을 인식할 수 있는 어떤 영역을 제시하려고 한다. 그렇다면 창조와 역사의 관계는 오직 두 가지 안티테제를 통해서만 설명될 수 있다. 먼저 역사가 어떤 예외도 없이 타락한 피조세계이기 때문에 창조질서는 보편적인 의미에서 존재하지 않는다. 한편 타락한 피조세계의 전 영역은 창조질서로서 고려되어야 한다. 왜냐하면 창조주 하나님이 타락한 피조물의 사악함 속에서 섭리하시며 그 피조물은 자신의 왜곡된 실존 속에서도 보존되기 때문이다.[45]

(2) 의인질서

만일 하나님의 창조활동이 타락한 역사로부터 촉발된 것

---

44) Ibid, 87.
45) Ibid, 164.

이 아니라 역사 이전에 이미 있었고 역사 안에서, 역사를 통해 성취된다면 그것은 역사를 인정하는 하나님의 행동을 포함한다. 창조와 타락한 피조물의 통일될 수 없는 안티테제가 하나님이 자신의 창조섭리로부터 떨어져나간 역사 안에서 여전히 창조주로서 행동하는 한 역사질서 안에 항상 내재하기 때문이다. 무조건적 명령이 전달하는 심판은 하나님이 "완고함"(Verstockung) 속에서 인간에게 행동한다는 사실에 근거한다. 완고해짐은 인간이 종국적으로 버려졌다는 것이 아니라 잠정적으로 하나님의 명령에 닫혀져 있음을 의미한다. 역사와 관련해서 볼 때 하나님의 창조의지는 그것이 역사와 인간의 역사성에 대한 심판으로 전도되지 않고 역사질서 안에서 어떻게든지 정당성을 가지기 위해서는 긍정적인 목적을 가지고 있다고 간주해야 한다. 여기서 타락한 역사에 대한 "하나님의 선한 의지"(benevolentia Dei)가 표현된다.

　이러한 통찰은 이미 하나님의 명령이 단지 무조건적 심판이 아니라 "소명"(Berufung) 안에서 표현됨을 통해 암시된다. 왜냐하면 이 요청은 그 심판이 하나님의 마지막 말씀이 아니라는 것을 전제하기 때문이다. 하나님은 인간을 결단으로 부르심을 통해 그를 자신의 결단의 주체가 되게 함으로써 하나님의 요구를 성취할 수 있는 타락과 관련된 - 그리고 그 타락을 통해 조건지워진 - 상대적 가능성을 제공한다.[46] 따라서 무조건적 명령 안에서 인식되는 하나님의 창조의지는 인간이 자신의 조건성, 곧 타락 때문에 그 명령을 성취할 수 없기 때문에 "불가능성에 기초한 가능성"(eine Möglichkeit auf

---

46) Ibid, 218f.
47) Ibid, 212.

dem Grunde der Unmöglichkeit)으로 나타난다.[47] 하나님은 인간에게 부과된 이러한 불가능성을 자신에게 수용시킨다. 그것은 다름 아닌 인간이 스스로 이 은혜 안으로 들어갈 수 있도록 하기 위한 배려다. 여기서 하나님의 의인행동은 무조건적 명령 아래서 역사와의 연대성 뿐 아니라 또한 동시에 그 연대성으로부터의 자유를 체험하는 인간에게만 제한된다.[48] 그 결과 의롭다고 인정되지 않은 역사 안에 있는 불신자들을 위한 하나님의 의인행동은 아직 불명료하다. 여기서부터 역사를 어떻게 의인질서의 관점에서 이해할 수 있는가? 라는 결정적인 질문이 형성된다.

틸리케는 하나님의 이중적 은혜형식 - "하나님의 특별한 의지"(voluntas Dei specialis)와 "하나님의 보편적 의지"(voluntas Dei generalis) - 을 통해서 대답을 시도한다. 의인은 말하자면 수평적 역사에 대해 특수한 관계와 보편적 관계를 함께 가진다. 역사에 대한 의인의 특수한 관계는 틸리케에 따르면 역사질서에 대한 이해가 의인을 통해 결정적으로 행위개념으로 연결된다.[49] 이러한 사실은 인간실존과 역사질서가 동일한 "규범성"(Gesetzmässigkeit)인 "자존지향성"(Selbstseinwollen)[50] 아래서 유지된다는 것에 기초한다. 역사질서 안에 있는 자율성이 인간의 자존지향성을 반영한다는 관점은 앞에서 이미 무조건적 명령을 통해서 가시화된 바 있다. 인간은 자신의 타락한 상태를 필연적으로 역사의 자율성에 부합

---

48) 앞의 p. 30의 (4)를 참고하시오.
49) Ibid, 203.
50) 자존지향성은 스스로 존재하려는 성향이며 틸리케는 이것을 관계를 거부하는 본질적인 특성으로 이해한다.

하는 자신의 행동을 통해서 활성화시킨다. 인간 존재(Status)는 정적인(statisch) 것이 아니라 역사적이다. 인간은 곧 자신의 행위이며 그런 의미에서 자신의 역사다. 그 때문에 인간의 역사적 실존은 역사질서 너머에 자신의 책임적 행위와 분리되어 존재하는 어떠한 영역도 가지고 있지 않다. 죄인으로서 인간은 역사질서를 통해서 항상 새롭게 죄를 현실화한다. 그러므로 인간은 자신의 행동의 순간 속에서 역사질서들을 자신의 책임적인 행위로서 받아들여야 한다.[51] 여기서 하나님은 인간의 행위를 배제하고 은총을 통해서 인간 존재만을 의롭다고 인정하는 것이 아니라 동일한 은총 속에서 그 행위도 의롭다고 인정한다.[52] 이와 같이 역사가 인간의 역사적 "자기성취"(Selbstvollzug)라는 의미에서 하나님은 역사와 그 질서를 의롭다고 인정한다. 그럼으로써 역사질서들은 하나님의 의롭다고 인정하는 의지, 곧 "하나님의 특별한 의지"(voluntas Dei specialis) 안에 포함된다.

한편 역사에 대한 의인(Rechtfertigung)의 보편적 관계는 하나님이 이 역사를 그 타락에도 불구하고 지속시킨다는 것을 의미한다.[53] 이러한 "하나님의 보편적 의지"(voluntas Dei generalis)는 틸리케에게 있어서 심판이해와 모순되지 않는다. 인간에게 무조건적 명령과 함께 내려지는 심판은 또한 역사를 그 대상으로 한다. 심판아래 있는 역사는 하나님이 심판의 성취(Perfektum)를 넘어서 인간을 여전히 지속되는 한 시간

---

51) Ibid, 200f.
52) Ibid, 202f.
53) Ibid, 214f.
54) Ibid, 215f.

으로 인도한다는 의미에서 은혜의 영역이 된다.[54] 이와 같이 심판과 은혜의 상호내재성(Ineinsetzung)은 역사의 보존을 통해서 제시된다. 이러한 틸리케의 역사이해는 역사가 "심판의 현재"(Jetzt des Gerichts)일 뿐 아니라 "심판 안에 있는 미래"(Zukunft im Gericht)라는 의미에서 현재적 종말론과 미래적 종말론을 동시에 구현한다. 역사는 한편에서는 현재적 심판의 현실성을 표현하며, 다른 한편에서는 그 역사가 지속됨을 통해 심판의 목표를 향해 있다. 여기서 종말은 심판과 은혜가 최종적 현실성들로서 확증됨을 의미한다. 종말은 심판이 아직 주어진 가능성으로 의롭다고 인정받은 역사 안에 존재하기 때문에 "카이로스"[55]의 성격을 가진다.[56] 틸리케는 이 카이로스 개념을 통해서 역사질서를 비기독교인들을 위해서도 은혜 아래 규정된 것으로 이해한다. 역사는 인간에 대한 심판의 영역이면서 또한 심판 안에서 파멸되지 않고 보존됨을 통해 심판의 목표로 이끌어지기 때문에 인간에 대한 은혜를 의미한다.[57]

하나님은 심판이 더도 아니고 덜도 아닌 "은혜에 선행하는 말씀"(das vorletzte Wort der Gnade)[58]이 되도록 역사를 그 심판의 표징(Vorzeichen) 아래서 보존한다. 하나님은 그렇게 함으로써 인간에게 자신의 뜻을 성취할 수 있는 가능성을 부여한다. 역사는 인간이 "의인인 동시에 죄인"(simul justus et peccator)인 것처럼 "은혜 아래서 심판과 함께 하는 삶"(das

---
55) 틸리케는 카이로스를 심판과 은혜가 체험되는 실존적 시간으로 이해한다.
56) Ibid, 219.
57) Ibid, 215.
58) Ibid, 218.
59) Ibid, 225.

Leben im Gericht unter der Gnade)[59]이다. 역사의 진행은 또한 인간이 자신의 죄된 행위에도 불구하고 선한 행위를 향해 창조되는 것처럼 "불가능성에 기초한 가능성"이다. 이것은 심판이 의인(Rechtfertigung) 안에서도 작용하며 인간에게 은혜를 향한 끊임없는 도피와 그 은혜를 향한 역사의 지속적인 움직임을 촉구한다는 것과 관련된다.[60]

틸리케는 여기서 두 가지를 말하려고 한다. 하나는 심판과 은혜가 역사의 동등한 구성요소라는 것과 다른 하나는 그 가운데 은혜와 의인을 향한 하나님의 뜻이 더욱 강조되어 나타난다는 것이다. 여전히 남아 있는 문제는 그가 이 둘이 어떻게 함께 작용하는 지를 정확히 제시하였는가에 있다. 왜냐하면 하나님은 심판이 은혜에 기여하도록 함으로써 진보하는 역사의 의미는 하나님의 특별한 의지와 보편적 의지를 나타내는 의인 아래서 비로소 본질적으로 인식되기 때문이다.

심판 아래서도 계속되는 역사는 하나님의 은총의지(Gnadenwille)로부터 벗어난 영역이 아니라 의인의 역사다. 하나님은 역사를 지나가는 세상질서가 끝날 때까지 결단의 장소가 되게 하며 그 역사를 타락한 결단의 영역 안에서 공회전(Leerlauf)하도록 결정하지 않는다. 이것은 다시 말해서 하나님이 역사를 인간과의 현재적 관계를 상징하는 수직적 차원에서만 전개되며 비역사적으로 이미 일어나고, 결정된 것이 아니라 수평적 차원에서 형성되며, 전개되는 역사가 되게 한다는 의미를 가진다.[61]

---

60) Ibid, 220. 여기서 역사가 계속 진행되는 것은 죄를 향한 자발적 의지와 자유를 의미하지는 않는다.
61) Ibid, 217.

3. 되어감 안에 있는 역사

(1) 역사의 진보

이제 역사는 심판에서 벗어나 은혜 안으로 들어감으로써 창조를 넘어 진보한다. 틸리케는 "새로운 의"(neue Gerechtigkeit)가 피조물이 잃어버렸던 "창조의 의"(Schöpfungsgerechtigkeit)를 능가한다는 것에서 그 근거를 찾는다.[62] 그는 이것을 사랑과 고통의 변증법적 관계로 설명한다:

"그것은 마치 하나님이 자신의 형상으로 창조한 피조물의 타락에 대해 사랑과 고통을 동시에 느끼며 바로 이 사랑 때문에 그만큼 심판 속에서 고통을 느끼는 것과 같다. 그 이유는 다름 아닌 타락한 존재를 그 고통과 동일한 사랑 속에서 완전히 자신에게로 돌이키게 하기 위해서이다."[63]

새로운 의는 창조의 의와는 전혀 다른 것이다. 후자는 인간의 하나님에 대한 주어진 태도(zugesprochene Haltung)이고 전자는 인간에 대한 하나님의 새로운 태도를 표현하기 때문이다.[64] 이러한 구분 속에는 하나님이 인간을 심판이 필요 없도록 의롭게 만드는 것이 아니라 오히려 은혜가 필요하도록 심판으로 보낸다는 의미가 함축되어 있다. 따라서 새로운 의는 인간의 의가 아니라 오직 심판의 심연 속에서 그에게 주

---

62) Ibid, 251f.
63) Ibid, 252.
64) Ibid, 252f.

어지는 하나님의 의다. 새로운 의는 하나님의 창조계획에 근거하는 것이 아니라 인간과 그의 역사의 죄를 통해 촉발된 것이다.[65] 만일 그것이 하나님의 "계속되는 창조"(creatio continua)의 산물이라면 죄는 그것의 인과적인 목표가 되고 그와 함께 심판의 현실성은 제거된다. 이 경우에 은혜는 단지 창조에서부터 시작된 인간의 자기발전으로 대치된다.

틸리케는 은혜를 통해 새롭게 주어지는 것이 창조 안에서 인간에게 이미 부여된 것보다 더 크다는 주장을 하나님의 사랑의 근원현상으로 표현하려고 한다.[66] 그것은 예를 들어 탕자의 비유에서 아버지가 집에 있는 아들보다 잃어버린 아들을 더 사랑하는 것과 같다. 이러한 사랑의 역설은 진보가 인식될 수 있는 심판과 은혜 사이의 질적인 거리를 유지시킨다. 은혜 안으로의 진보는 은혜를 소유함으로써 그 은혜가 성장하는 것을 의미하지 않는다. 왜냐하면 심판은 지나가버린 것이 아니라 여전히 남아 있는 형식이기 때문이다.[67] 이와 관련해서 틸리케는 진보의 개념은 오직 심판과 은혜의 공존 아래서만 완성된다고 주장한다.

진보의 유일한 가능성은 은혜를 더욱 강화시키는 "죄된 존재"(Schuldigsein)로부터가 아니라 오직 심판에서 은혜로의 도피를 항상 새롭게 시작하는 "죄인식"(Sich-schuldig-wissen)으로부터 일어난다.[68] 죄인식은 말하자면 하나님에 의해 심판 아래 세워지는 것을 의미한다. 인간이 먼저 하나님으로부터

---

65) Ibid, 254f.
66) Ibid, 256.
67) Ibid, 257f.
68) Ibid.

죄있다고 선언되기 전에 스스로를 죄인으로 이해할 수 없으며 그에게는 어떤 것도 은혜로 여겨지지 않는다. 따라서 그는 자신의 죄를 알기 위해서 먼저 심판을 필요로 한다. 이와같이 죄를 인식하는 것과 은혜를 인식하는 것은 변증법적인 방식으로 서로 연관된다. 그러나 여기서 죄 안에 있음은 심판이 항상 은혜를 통해 극복되는 한 은혜의 산물로 볼 수 없다. 틸리케에게 있어서 심판은 결코 은혜의 전 단계가 아니라 그것이 죄로부터의 자유함에 기여하는 한, 이미 죄에 대한 은혜로서 표현된다. 그것은 이미 은혜의 주어짐 안에 함축되어 있다. 그렇다면 죄는 변증법적인 의미에서가 아니라 역설적으로 은혜에 관련된다. 그 자체로서 결정적인 인간의 죄에도 불구하고 하나님은 인간에게 은혜로운 존재로 남아 있다. 그 때문에 진보는 죄 안에 있음을 통해서가 아니라 죄의식 안에서 이루어진다.

결국 역사의 진보는 마치 역사의 타락이 하나님 앞에서 흔적도 없이 사라져 버린 듯이 창조에 부합하는 상태가 직선적으로 고양되는 것이 아니라 심판과 은혜의 변증법적 긴장으로부터 형성된다. 그것은 진화론적인 과정이 아니라 인간이 자신의 행위로서의 역사와 함께 의롭다고 인정되는 곳에서만 볼 수 있는 "점적인 사건"(punktuelles Ereignis)이다. 하나님은 인간이 자신의 역사 안에서 항상 은혜가 필요하도록 심판받은 자로서 성화되게 한다.

(2) 이차원적 역사구성의 지평에서 본 역사의 성과

틸리케에게 있어서 역사의 성과는 그것이 수평적 역사의

자율적 발전이 아니라 심판과 은혜의 교환작용(Wechselwirkung)에 달려 있기 때문에 어떤 특정한 시점, 혹은 시간의 종말에 결합되어 있다.[69] 틸리케는 심판에서 은혜로의 전이(Übergang) 속에서 역사의 본질적인 움직임을 파악하며 역사의 진보라고 규정할만한 것을 인식한다. 그는 역사의 성과가 하나님 앞에서의 인간 실존 안에 존재한다고 주장한다. 이러한 주장은 물론 인간과 역사의 연대성에 기초를 두고 있다.

틸리케는 자신의 연대성 개념을 역사의 "개별적 시대"(Einzelepoche)와 전 역사 사이의 관계에 적용시킨다. 여기서 개별적 시대는 시간 전체의 단편적인 조각으로 표현되는 것이 아니라 오히려 역사 전체의 의미를 스스로 안에 지니고 있다.[70] 개별적인 시대는 직접적으로 심판과 영원에 연결되어 있기 때문에 역사 전체에 대한 지식은 이 개별적 시대에 대한 지식으로부터 추론된다. 뒤따르는 개별적 시대들은 앞서 지나간 시대들에 비해서 본질적으로 새로운 것을 가져오지 않는다. 틸리케는 인간이 자신의 구체적이며 역사적인 실존 속에서 무조건적인 명령에 직면하면서 스스로를 자신의 역사와 동일시하지 않을 수 없다는 의미에서 개별적 시대의 실존을 인간 실존과 동일시한다. 인간은 자신의 시대와의 연대성을 경험하면서 각 시대들 사이의 연대성을 인식한다.[71]

---

69) "역사와 실존"에는 이론적으로 두 종류의 시간개념이 존재한다. 역사의 자율적 진보와 심판에서 은혜로의 전이를 통한 역사의 진보가 그것이다. 그러나 틸리케는 "역사와 실존"에서 이 둘이 서로 어떻게 관련되는 지를 보여주지 않고 있다. 그는 이후에 비상질서론(p. 65의 (3), p. 122의 (3)참조)에서 역사의 자율적 전개를 하나님의 의지의 변화의 관점에서 해석한다.
70) Thielicke, op. cit., 333f. 틸리케는 이러한 귀납적 성찰방법을 자신의 교회론에도 적용한다(p. 59의 (1)을 참조하시오).

틸리케는 이런 방식으로 역사의 전 영역 안에 내재하는 죄성(Sündencharakter)을 표현한다. 역사의 시대들은 스스로 안에 본질적인 가치를 지니고 있는 것이 아니라 다른 어떤 가치를 위해 기여한다. 그것들은 다름 아닌 심판과 은혜의 현실성에 의미를 부여한다.[72] 그것들은 역사가 진보한다는 의미에서 역사적인 개화기라기 보다는 오히려 하나님의 명령 아래서 인간과 연대적인 역사의 시간들에 대한 심판을 나타낸다.[73] 따라서 역사가 전개되면서 얻어지는 성과는 인간의 삶과 분리된 객관적으로 검증될 수 있는 개화기들 안에서 얻어지는 것이 아니라 인간이 자신의 개인적인 실존 속에서 삶과 역사를 어떠한 성과로 인도하느냐에 달려 있다.[74] 역사의 성과는 어떻게 인간이 무조건적 명령에 따라 결단하느냐의 관점에서 그 명령의 내용에 의해서 규정될 수 있다. 역사의 성과는 다시 말해서 인간 안에서만 발견될 수 있다.

틸리케에 따르면 역사의 성과는 이중적 형식을 취한다. 그것은 말하자면 "하나님 나라에 속한 사람들"과 "악의 세력 아래 있는 사람들"의 나누어짐 속에 존재한다. 이러한 두 가지 형식은 무조건적 명령의 이중적 구조[75]에 기인한다. 인간이 하나님의 말씀을 들을 수 있도록 이끌어지면서 오직 그 말씀만이 역사의 성과를 이루어낸다.[76]

---

71) Ibid, 335f.
72) Ibid, 338.
73) Ibid, 340.
74) Ibid, 343.
75) 무조건적 명령은 완고함(심판)과 소명(은혜)을 포함한다.
76) Ibid., 349f. 이러한 틸리케의 역사의 성과에 대한 이해는 이후에 그의 "교회의 사회적 위임" 개념과 연결된다(p. 62의 (2)를 참조할 것).

(3) 역사 안에서 선과 악의 갈등

　수평적 역사 안에서 선과 악의 갈등은 하나님의 의지와 인간의 타락이 역사의 삶 속에 작용하면서 이 둘 사이의 수직적 갈등을 반영한다. 틸리케에게 있어서 선은 마치 선과 악이 상호 대립적으로 서로를 구성하여 악이 선의 부정을 통해서만 규정된다는 의미에서 악의 반대편에 존재하지 않는다. 이러한 이해는 인간과 그의 역사 안에 있는 악이 먼저 무조건적 명령을 통해서 인식된다는 사실에 기초한다. 타락한 피조물이 창조를 통해서 설명될 수 있는 것처럼 인간은 그가 선에 대해서 알게 될 때 비로소 악에 대해서 안다. 틸리케의 창조이해에 있어서 무조건적 명령으로 표현되는 선은 악과의 갈등 속에 존재할 수 없는 '원초적 현실성'이다. 왜냐하면 그는 이 명령을 하나님의 '역사설정 행위'로 이해하기 때문이다.[77] 그렇다면 겉으로 드러나는 선과 악의 동시적인 갈등은 '이차적인 현상'으로 볼 수 있다. 만일 악이 선에 대해서 동등한 성격을 가진 대립적 요소라면 인간의 의지는 하나님의 의지에 대해서 구성적 관계를 가지며 그럼으로써 하나님의 은혜의 영향력은 사라져 버릴 것이다. 한편 악이 하나님의 은혜를 위한 수단이라면 하나님의 심판의 영향력은 무시될 것이다. 틸리케에 따르면 하나님의 의지는 인간의 의지와의 갈등 속에서 비로소 규정되는 것이 아니라 하나님이 자신의 의

---

77) 틸리케에게 하나님의 창조행위와 창조의 명령 사이에는 본질적인 차이가 없다. 하나님은 무조건적으로 명령하면서 역사 안에서 창조주로서 활동한다. 이와 관련해서 p. 32의 (1) 창조질서를 참조하시오.
78) Ibid, 346.

지를 그 갈등 속에 들어가게 하는 것이 먼저 은혜로서 나타난다.[78]

변증법적으로 구성되는 악의 원리가 역사 안으로 들어오는 것은 역사의 근본적인 갈등에 대한 인간의 구체적인 위치와 관련되어 있다.[79] 인간을 다른 인간과 연결시키고 인간의 역사와 통합시키는 연대성은 인간 자신 안에 있는 근원적 갈등을 불러일으킨다. 인간은 결코 역사적 삶 속에서 이러한 갈등을 떠나서는 살아갈 수 없다. 다시 말해서 인간은 무조건적 명령 아래서 역사의 갈등을 자기 자신의 것으로 경험한다. 역사 안에 있는 악은 인간의 역사성을 떠나서 존재하는 상대적이며 독립적인 실체가 아니라 인간과 역사의 연대성 속에서 비로소 현실화된다. 악은 선과 악의 역사적 갈등 속에서 이미 인간의 구체적 상황에 속해 있다.

이러한 이유들 때문에 선과 악의 갈등을 대립적 원리들 사이의 반작용으로 보는 견해는 타당하지 않다. 그 갈등은 오직 가장 선제적인 요소인 하나님의 선으로부터만 이해될 수 있다. 하나님이 자신의 '은총의지'(Gnadenwille)를 갈등 안에서 작용하게 함으로써 인간은 이 의지 아래서 선과 악의 갈등의 담지자가 된다. 그 갈등의 해소[80]는 역사 안에 존재하지 않으며 인간이 "현실적으로는 죄인, 소망 안에는 의인"(peccator in re, justus in spe)인 것처럼 소망 안에서만 현실화된다. 그러므로 인간은 곡식과 가라지가 나누어지지 않고 함께 자라는 미완성의 역사라는 경작지 위에서 살아간다.[81]

---

79) Ibid, 359f.
80) 이것은 틸리케에게 있어서 하늘나라의 자녀와 악의 자녀 사이의 분명한 경계를 의미한다.
81) Ibid, 333.

결국 틸리케에게는 선과 악의 갈등이 아니라 하나님의 무조건적 명령이 수평적 역사를 구성한다. 이 명령은 '하나님의 역사설정 행위'[82]로서 나타난다. 역사는 무조건적 명령이 인간에게 부딪쳐서 그를 자신의 역사와 연대적으로 심판아래 세우며 또한 그 역사와 함께 '의인'(Rechtfertigung)으로 인도하는 곳에 존재한다. 무조건적 명령은 결코 역사의 갈등을 초래하지 않으며 오히려 구원사적 운동을 함축한다. 다시 말해서 하나님은 그 명령을 통해서 인간과 그의 역사를 자신에게로 인도한다.[83] 그 근거는 무조건적 명령의 내용이 무조건적 심판일 뿐 아니라 결단을 위한 요청을 의미한다는 데 있다. 그는 처음에 인간과 역사의 연대성 개념을 통해 무조건적 명령의 심판적 요소를 강조했지만 이제는 그 명령의 은총적 관점을 부각시키고 있다. 이와 함께 틸리케는 역사를 점차로 긍정적 관점에서 성찰하려고 한다.

4. 요약 및 평가

틸리케는 역사를 타락한 창조로서 이해한다. 그는 이런 의도 속에서 역사신학을 인간의 역사적 실존의 영역 안으로 제한시킨다. 그는 역사를 인간의 이중적 실존 방식, 곧 인간과 하나님의 관계, 인간과 세상의 관계에 기초한 인간의 역사

---

82) Ibid, 7.
83) 앞의 p. 27의 (3)을 참조하시오. 틸리케는 이후에 이 사고를 "교회와 사회" (p. 65의 (3) 참조), "신학적 윤리"(p. 122의 (3)참조)에서 '비상질서 이론'을 통해 계속 발전시켜 나간다.

성을 통해서 성찰한다. 그는 다시 인간의 이중적 실존방식을 역사의 두 차원으로 구성한다. 인간과 하나님의 관계는 역사의 수직적 차원을 구성하고 인간과 세상의 관계는 역사의 수평적 차원을 구성한다. 역사의 수직적 차원은 인격적이고 인식론적인 사건이며 역사의 수평적 차원은 보편적이며 실재적인 사건이다. 역사의 두 차원은 인간이 실존하는 구체적 상황에서 서로 교차한다.

틸리케는 인간의 세상에 대한 관계가 그의 하나님 관계를 전제하는 것처럼 수평적 역사를 수직적 역사에 의해 규정되는 것으로 이해하려고 한다. 그는 산상설교의 무조건적 명령이 제시하는 바와 같이 인간과 역사가 파괴될 수 없는 연대성 속에 있다는 사실에서 그 근거를 찾는다. 예를 들어 무조건적 명령의 내용인 '이웃 사랑'을 실천하기 위해서는 인간이 특정한 자율적 원리들 아래서 전개되는 역사를 희생시켜야 하기 때문에 그 명령은 인간과 역사를 함께 취급한다. 그 명령은 역사적 삶 속에 내재하는 자율적 원리들을 고려하지 않는다. 그것은 마치 도래하는 하나님의 나라가 지금, 여기에서 현존하는 것처럼 인간에게 명령하기 때문에 종말론적 성격을 가진다. 이런 의미에서 구체적인 역사적 상황은 '종말론화' 된다. 그러나 이러한 과정은 틸리케의 초기 역사신학에 있어서 사상적으로 불명료해 보인다. 왜냐하면 그에겐 개인적 상황과 역사적 상황 사이의 구분이 모호하기 때문이다.

무조건적 명령은 '자존지향성'을 내재적 규범으로 가지고 있는 인간과 그의 역사를 연대적으로 심판아래 세운다. 틸리케는 이렇게 역사를 오로지 개인적 심판상황 속에서 성찰한다. 그는 자신의 초기 역사신학에서 그러한 심판의 관점을 강조한다. 하나님은 심판의 상황을 통해서 수평적 역사와 관계한다. 그러나 틸리케의 역사신학에 있어서 수직적 역사를 통한 하나님의 활동은 인간의 심판상황에서 나타나는 것처럼 분명하게 표현되지만 수평적 역사 안에서 하나님의 활동은 충분하게 논의되고 있지 않다. 이러한 문제는 그의 역사신학적 관심에 기인한다. 그는 하나님의 창조행위를 무조건적 명령 안에서 표현되는 하나님과 인간의 규범적 관계로만 제한한다. 말하자면 하나님은 무조건적으로 명령하면서 창조주로서 행동한다. 무조건적 명령은 마치 인간이 타락 이전의 상태에 있는 것처럼 요구함으로써 수직적 역사에서 유래하는 창조의 명령으로서 나타난다. 하나님의 창조행위는 결국 그의 창조명령과 동일한 것이다. 여기서 하나님의 행위가 수평적 역사 안에서 불연속성을 가지는 문제가 야기된다. 하나님은 인간이 서있는 구체적 상황 속에서 무조건적 명령을 통해서만 '자존지향성'을 역사의 타락의 증상으로 제시한다. 오직 이 상황 속에서만 역사의 두 차원은 서로 교차하며 그럼으로써 하나님의 창조행위는 인식될 수 있다.

    무조건적 명령은 이중적 기능을 수행한다. 그것은 먼저 역사와의 연대성이 인간에게는 스스로 벗어날 수 없는 실존의 운명임을 드러낸다. 한편 그것은 인간을 향한 하나님의 부르심을 의미한다. 그 명령은 인간이 역사와의 죄된 연대성에서 벗어나기 위해 결단하도록 인도한다. 이런 의미에서 그 명령은 무조건적 심판일 뿐 아니라 무조건적 은혜다. 연대성 개념은 어떻게 인간이 역사의 수직적 차원과 수평적 차원에 동시에 연결되는 지를 보여준다. 그러나 역사의 두 차원의 직접적 연관성은 틸리케에게 여전히 미해결의 문제로 남아있다.

인간이 무조건적 명령에 직면하여 자신의 역사와 연대적임을 인식하게 되는 구체적 상황은 역사의 두 차원이 만나는 접촉점을 형성한다. 오직 이 상황에서만 수평적 역사가 수직적 역사에 의해 움직여지는 것이 밝혀진다. 여기서 역사의 두 차원은 인간을 통해 중재된다. 틸리케는 이러한 인간학적 전제를 통해 역사의 타락을 관철시켜 나가는 데에는 성공했지만 그럼으로써 역사성찰이 단편화 되고 말았다. 비록 그가 수평적 역사를 '귀납적 관점'[84]에서 구체적인 역사적 상황으로부터 추론하려고 하였지만 하나님과 인간 사이의 수직적 관계를 강조함으로써 그의 역사신학은 수평적 역사로부터 추상화되었다. 그 때문에 그의 사고 속에는 역사신학이 "역사 없는 역사이해"[85]에 빠져들 수 있는 위험이 도사리고 있다.

무조건적 명령은 그 안에 하나님의 창조의지와 창조행위가 함축되어 있기 때문에 구체적 상황 속에서 역사를 창조질서로서 규정한다. 말하자면 역사는 하나님이 구체적 상황 속에서 무조건적 명령으로 나타나는 자신의 역사 설정행위를 통해 인간에게 역사를 실현한다는 의미에서 창조질서다. 그런데 여기서 틸리케는 하나님의 활동을 명령의 형식으로 축소시켰다는 비판에 대해 자신을 충분히 변호하지 못하고 있다. 창조는 지금 여기서 창조주와 피조물의 관계를 통해 표현된다. 그럼으로써 하나님의 창조행위는 역사의 타락으로부터 동기 부여된 하나님의 대응행동처럼 나타난다.

---

84) 틸리케는 "구체화의 경향"(Tendenz der Konkretion)을 자신의 역사이해의 방법으로 적용한다. 그는 '역사와 실존'에서 전역사를 인간이 하나님의 무조건적인 명령을 듣게 되는 구체적인 상황을 통해 성찰하려고 한다. 이와 관련해서 p. 17의 1을 참조하시오.
85) Rudolf Jantsch, Missbrauchte Religion, Berlin, 1964, 56.

한편 역사는 하나님이 인간을 자신의 죄된 행위 속에서 의롭다고 인정한다는 의미에서 '의인질서'로 규정된다. 이렇게 해서 무조건적 명령은 역사질서의 이중적 구조를 함축한다. 역사는 인간이 '의인인 동시에 죄인'(simul justus et peccator)인 것처럼 '은혜 아래서 심판 안에 있는 삶'(das Leben im Gericht unter der Gnade)이다. 보편사적 관점은 개인적-인격적 영역 안으로 통합된다. 역사의 두 차원은 하나님을 통해서처럼 인간을 통해서 중재될 수 있다. 틸리케의 이러한 인간학적 관심은 역사를 인간의 역사로 축소시키게 되고 그 결과로서 역사 안에서 하나님의 활동은 오로지 인간과의 수직적 교제 속에서만 이루어진다.

역사질서는 그것이 자존지향성을 자신의 '규범성'(Gesetzmässigkeit)으로 가지고 있는 인간의 타락한 구조를 나타낸다는 의미에서 인간의 행위다. 인간은 자신의 타락한 상태를 그 규범성에 따른 행동을 통해 현실화한다. 심판 아래서 계속 진행되는 역사는 하나님의 은총의지를 드러낸다. 이렇게 심판과 은혜는 역사 안에서 서로를 향해 작용한다.

역사는 타락한 창조에서 새 창조로 넘어감을 통해 진보한다. 이 진보는 결코 창조의 상태가 성장하는 것을 의미하지 않으며 창조와 새 창조의 연속성은 역사 안에서 찾을 수 없다. 둘 사이의 연속성은 오직 하나님의 은혜 안에 있다. 따라서 역사의 진보는 역사의 내부적인 특성이 아니라 심판에서 은혜로의 과정을 계속해서 다시 시작하는 것을 의미한다. 역사 안에서 심판과 은혜의 공존은 하나님의 의지와 역사의 자존지향성의 공존을 투사한다. 여기에서부터 역사적 삶 속에 내재하는 선과 악 사이의 근원적 갈등이 형성된다. 역사 안의

'반창조성'(Schöpfungswidrigkeit)은 인간의 타락에서 유래한다. 역사는 하나님의 자녀와 악의 자녀 사이의 뚜렷한 구분을 의미하는 선과 악의 갈등의 해소를 향하여 진보한다. 역사의 수확은 그러한 구분이 정해지는 것 안에 존재하며 그런 의미에서 역사의 번성기와 관련되기 보다는 인간의 수확 안에 있다. 틸리케에게 있어서 역사는 수확을 가능케 하는 창조의 본질을 지니고 있지 않기 때문에 원칙적으로 어떤 번성기도 가지지 않는다. 이것은 틸리케가 역사성찰을 인간실존에 제한한 직접적 결과다. 결국 역사의 수확은 수직적 역사 안에서만 인식될 수 있다.

    틸리케는 자신의 초기 역사신학에서 역사의 두 규범성 - 역사의 타락과 하나님의 창조주로서의 활동성 - 을 나타내려고 시도한다. 역사의 타락은 연대성 개념을 통해 논증되었지만 창조주 하나님의 활동은 아직 미해결의 문제로 남아있다. 그는 수직적 역사에서 유래하는 무조건적 명령을 하나님의 창조행위로 설정하면서 인간과 역사의 연대성을 나타내기 위해 그 둘을 갈등 속에서 이해했다. 그 때문에 하나님의 창조적 활동은 수평적 역사 안으로 뚫고 들어갈 수 없다. 틸리케의 사고 속에서 이 문제의 해결을 찾는 것이 다음 장에서 다루어야 할 주요 과제다.

제 3 장

틸리케의 역사신학적 사고의 교회론적 전개 : "교회와 사회"(1947)

"역사와 실존"에서 틸리케는 인간이 전 역사의 의미를 자기 안에 지니고 있음을 강조했다. 그는 이러한 역사신학적 통찰을 계속해서 교회론적으로 전개시켜 나간다. 그는 역사의 다양성을 인간학적으로 단순화시키는 구도를 교회이해에도 적용할 수 있다고 보았다. 그는 교회의 본질을 교회 안에 기초하는 것으로 보지 않고 한 개인을 통해 중재되는 교회의 "사회적 위임"(Öffentlichkeitsauftrag) 속에서 발견한다. 그는 교회의 사회적 위임의 근거를 자신의 역사신학에서 발전시켰던 연대성 개념으로부터 이끌어낸다.[86] 그는 교회를 제도적인 것이 아니라 인격적으로 매개되는 실체로서 이해한다. 그것은 수직적 역사에 기초해 있다. 교회는 인간이 사회 현실 속에서 살아가는 한 그 다양한 현실들의 상호작용 속에서 사회적으

---

86) 앞의 p. 17의 1을 보시오.

로 행동할 수 있고 또 행동해야 한다. 틸리케의 교회론에 있어서 중요한 것은 교회가 무엇인가가 아니라 어떻게 교회가 사회적 위임을 통해 규정되는가 하는 문제이다. 틸리케는 이 문제를 신루터주의의 사회이해에 대한 비판 속에서 다룬다. 신루터주의 신학의 출발점은 역사적 삶의 영역들의 독립성을 주장하며 그 결과로서 교회와 사회 사이의 괴리가 일어나는 반면 틸리케는 이 모든 삶의 영역들이 기독교 복음의 사회적 요구 아래 있는 것으로 이해한다. 여기서 그는 새로운 사회이론을 발전시키는 것이 아니라 신루터주의적인 사회해석과 그것에 영향을 받은 교회이해의 발전과정을 수정한다. 그는 자신의 이론을 뒷받침하기 위해서 십계명에 표현되는 하나님의 계명이 사회적 성격을 가지며 사회적 삶의 영역이 구원사 안에 포함된다는 입장을 제시한다. 십계명에 나타나는 하나님의 계명들은 하나님의 본래적인 의지, 곧 인간과 역사를 심판에 세우는 무조건적 명령이 아니라 전 역사의 타락을 고려하는 하나님의 "변화된"(alteriert) 의지를 포함한다.

이렇게 해서 수직적 역사는 수평적 역사 안으로 들어온다. 틸리케는 이러한 관점에서 교회의 사회적 위임을 전개시킨다. 이것은 그가 자신의 첫 번째 교회론 저술인 "교회와 사회"의 부제를 "루터주의적 문화윤리의 기초설정"이라고 정한 것처럼 그의 윤리적 관심이 수평적 역사와 연결되었음을 시사한다. 그는 이 책에서 루터의 '두 왕국론'을 새로운 형식으로 재구성하려고 시도한다. 그가 볼 때 루터의 '두 왕국론'은 현대 기독교 신학에 있어서 여전히 교회와 사회의 관계에 대한 논의의 출발점이 된다. 두 왕국의 공존은 교회와 사회의 공존에 대입되고 다시 교회와 사회의 공존은 두 차원적 역사

이해와 연관된다.

교회는 역사와 마찬가지로 인격적으로 규정되며 그럼으로써 교회와 사회의 관계는 사회 속에서 인간의 행동을 시사하기 때문에 그의 교회이해는 사회 속에서 기독교적 행동을 위한 표준을 형성하며 그럼으로써 그의 윤리의 초석이 된다.[87] 본 장의 내용에서는 틸리케의 교회론과 윤리가 그의 역사인간학적 관심아래서 서로 연관되어 있음이 밝혀지게 될 것이다. 이러한 목적을 위해서 먼저 교회와 사회가 어떻게 연결되며 그럼으로써 틸리케가 하나님의 '역사화'된 의지를 나타내는 '계명의 수평적 기능'의 관점에서 자신의 이차원적 역사구조를 어떻게 수정하였는가를 다루게 될 것이다.

1. 교회의 이차원적 실존

(1) 교회와 개인의 상호의존성

교회는 틸리케에게 있어서 하나의 집합체(Kollektiv)를 의미하지 않는다.[88] 교회와 개인의 관계는 전체와 분산된 개체들 사이의 관계가 아니라 오히려 교회는 각 개인들 속에서

---

87) p. 59의 (1)을 참고하시오.
88) 틸리케는 이것을 다음과 같이 표현한다: "교회는 결코 사람들이 모여 결의함으로써 형성되는 단체와 같은 것이 아니다. 따라서 교회는 신앙을 가진 사람이 다른 신앙인과 결합됨을 의미하지 않는다. 교회는 오히려 인간이 하나님의 말씀과 만나며 성령과의 삶의 교제가 열려지는 곳에 존재한다." Helmut Thielicke, Die evangelische Kirche und die Politik. Ethisch-politischer Traktat über einige Zeitfragen, Stuttgart, 1953, 15.

형성된다. 곧 개인들이 교회의 의미를 이미 자신 안에 지닌 다.[89] 틸리케의 교회론은 여기서 출발한다. 그는 교회가 개인의 하나님 관계에 기초한다는 것을 강조함으로써 이러한 교회관을 전개시켜 나간다. 하나님의 말씀을 만난 사람이 이 부르시는 말씀을 접한 다른 사람과 연결되면서 교회가 성립한다.[90] 개인으로서 인간은 하나님이 자신의 교회를 부르시고 그것을 향해 행동한다는 사실의 전제가 되며 한 개인은 자신이 하나님으로부터 부르심을 받았다는 것을 인식함으로써 교회에 속해 있다.

교회는 사회적, 제도적 인간 공동체가 아니라 각 사람마다 동일한 관계를 형성하는 하나님의 말씀에 기초한다.[91] 그것은 수평적 차원이 아닌 수직적 차원에서 구성된다. 그것은 먼

---

89) Thielicke, Kirche und Öffentlichkeit, 13f. 여기서 틸리케는 예를 들어 동 시대 신학자인 본 훼퍼의 교회개념과 대조를 이룬다. 본 훼퍼에 따르면 집합인격으로서 교회는 개인과 하나님의 말씀을 중재한다. 본훼퍼는 개인이 집합인격(Kollektivperson)의 한 지체라는 견해에서 출발한다: "집합인격이 부르심을 받으면서 개인의 양심은 부르심의 음성을 듣는다." D. Bonhoeffer, Sanctorum communio. Eine dogmatische Untersuchung zur Soziologie der Kirche, München, 1986, 75. 본훼퍼는 이러한 교회론을 원죄론의 관점에서 전개시킨다. "성도들의 공동체"는 그에게 "죄인들의 공동체" 안에서 이미 형성된다. 여기서 개인과 집합인격 사이의 관계는 개체적인 죄와 죄의 보편성 사이의 관계에 상응한다. 전체적으로 볼 때 틸리케가 교회를 오직 하나님과의 인격적 관계 속에서 수직적으로 이해하는 것과는 대조적으로 본훼퍼는 교회를 사회학적인 관점에서 수평적으로 관찰한다: "사회학적인 교회유형을 다룰 때 전인격(Gesamtperson)으로서 교회의 존재는 교제의 궁극적 통일성으로 나타난다. 이러한 인식은 교회개념과 같은 기독교적, 종교적 교제에 적용될 수 있다"(Ibid., 133).
90) Thielicke, die evangelische Kirche und die Politik, 13f.
91) 틸리케는 이러한 교회관을 나중에 그의 교의학(5.3.3.)에서 변경한다. 그는 거기서 교회를 수평적 구성물인 "성도들의 공동체"(communio sanctorum)로 이해한다.

저 하나님의 말씀에 대한 인간의 관계 속에 존재한다. 교제를 가능케 하는 하나님의 말씀은 또한 세상과도 관계된다. 하나님이 타락한 인간만을 부르시는 것이 아니라 개인 안에서 구성되는 교회가 사회에 영향을 끼치도록 하는 것이 이 말씀 안에 나타난다. 이와 같이 틸리케의 교회이해는 그의 역사신학적 문제제기에 기초한다. 하나님과 인간의 교제가 인간의 세상과의 관계로 연결되듯이 하나님과 교회의 관계는 교회와 사회의 관계로 연결된다.[92] 그러나 틸리케는 교회가 사회와 어떠한 관계 속에 있는지 구체적으로 설명하지 않고 있다. 다만 간접적인 방식으로 그의 역사신학에서 인간이 역사의 두 차원을 중재했던 것처럼 한 개인이 교회와 사회를 연결시키는 것으로 나타난다. 이와 관련해서 개인에 대해 교회의 특징적인 면이 불명료하게 남아 있다.

하나님과 인간의 수직적 교제는 물론 개인적 실존에만 제한될 수 없다. 역사의 삶의 영역들은 교제를 이루는 하나님의 말씀이 의미와 타당성을 가지는 영역 밖에 독립적으로 존재하지 않는다. 교회는 세상에 속해 있지 않지만 또한 세상 안에 세상을 향하여 있다.[93] 하나님은 교회를 통하여 그의 나

---

92) 여기서 틸리케는 자신의 역사신학에서 발전시켰던 연대성 개념을 교회론에 적용시킨다.
93) 틸리케는 이러한 교회의 이차원성을 예수의 세상에 대한 이중적 관계를 통해 설명한다. 예수의 개체적 인간과의 관계 그리고 온 세상을 향한 그의 지배적 관계가 그것이다. Thielicke, Kirche und Öffentlichkeit, 10-13. 이와 관련하여 Thielicke, Die evangelische Kirche und die Politik, 13-18. Delekat은 이러한 틸리케의 교회론을 분석하고 비판한다. 그가 먼저 제기한 주장은 틸리케의 교회론이 너무 모호하다는 것이다. 그는 교회가 동시에 세상 너머에 있을 뿐 아니라 세상 안에 있다는 것은 비현실적이라고 본다. Friedrich Delekat, Kirche über den Zeiten und in der Zeit. Aber wie?

라를 세상에서 확장시킨다. 하나님의 말씀을 통해 설정되는 하나님과 인간의 관계는 교회의 기원일 뿐 아니라 목표다. 그 때문에 교회는 그 관계가 세상 안에서 실현되기 위해 헌신해야 한다. 이렇게 해서 교회개념은 사회와 연결되며 교회의 본질은 세상 안에서 그것의 기능으로부터 이해될 수 있다. 틸리케의 이러한 사고는 그의 이차원적 역사구도에 기인한다. "교회의 사회적 위임"(Der Öffentlichkeitsauftrag der Gemeinde)은 한 사람이 하나님과의 수직적 교제를 통하여 "사회적 능력을 갖게"(öffentlichkeitsfaehig) 된다는 것에 그 근거를 둔다.

(2) 교회의 사회적 위임의 기초

교회의 사회적 위임은 "선교명령" 안에서 표현되는 "예수 그리스도의 세계통치"에서부터 출발한다. 틸리케에 따르면 이 선교명령은 예수의 세상에 대한 관계가 "남겨진 소수"와 "우주적 영역을 포괄하는 온 세상"이라는 이중적 방향을 가진다는 사실에 기초한다. 예수는 사회적 위임과 구원받은 삶을 통해 세상 속에서 보존하는 능력을 가진 교회를 암시하는 제자들의 작은 무리와 교제하면서 온 세상을 지배한다.[94] 이것은 예수의 세상지배가 지리적인 영역에서의 "양적인 확장"(quantitative Extensität)이 아니라 인간 삶의 영역에서의 "질

Duesseldrf, 1953, 4ff. 이와 관련해서 필자는 Delekat와 견해를 같이 한다. 왜냐하면 틸리케에게 있어서 세상 안에 있으면서 세상 너머에 있는 교회의 실존은 역사의 두 차원의 관계규정에서 나타나는 문제를 그대로 반영하기 때문이다(밑의 3.1.2에 나오는 "게토와 사회 사이에 있는 교회"를 참조하시오).
94) Helmut Thielicke, Kirche und Öffentlichkeit, 11.

적인 결집"(qualitative Intensitaet)을 이룬다는 것을 의미한다.[95] 다시 말해서 그의 세상지배는 비록 그의 사역이 온 세상을 향해 있을지라도 결코 이 땅위에서 가시화된 특정한 공간을 필요로 하지 않는다.[96] 이러한 사고 속에는 예수의 사역이 "사회질서"(Öffentlichkeit)[97]로부터 요구되지 않을 뿐 아니라 그 사회질서 속에서 인식될 수도 없다는 의미가 함축되어 있다. 예수의 세상지배는 예수와 제자들 사이의 인격적 교제에서 유래하는 "공적인 신비"(öffentliches Geheimnis)다. 예수는 자신의 제자들을 그들의 사생활 속으로 돌려보내지 않고 그의 세상 통치가 실현될 수 있도록 공적인 삶의 영역으로 파송한다. 틸리케는 이러한 구도 속에서 교회를 구성하는 개인과 하나님과의 교제가 그의 사회적 삶의 영역 속에서 실현되는 것을 보여주려고 시도한다. 여기서 제자들의 "소금의 기능"(Salzkraft)은 이러한 사회적 위임(Öffen-tlichkeitsauftrag)을 위해서 결정적인 의미를 가진다. 제자들이 예수의 선교명령을 통해 사회로 파송되면서 그들은 세상 안에서 온 세상을 향한 예수의 통치로부터 떨어져 나간 "사라지는 소수"로서 행동하지 않는다. 그들은 오히려 온 세상과 모든 삶의 영역에 대한 요구를 스스로 안에 지닌다.

교회는 이처럼 스승의 운명에 대한 제자들의 연대성을

---

95) Ibid, 29.
96) Ibid, 27.
97) 틸리케에게 있어서 사회(Öffentlichkeit)는 모든 인간들이 세상적인 방식으로 제한된 개인적인 조건들을 벗어나서 대화로 불러지는 삶의 영역을 의미한다. 그것은 가능한 한 많은 수의 공적인 개인들을 포괄하는 양적인 개념이 아니라 공적인 직무를 수행하는 가장 적은 수를 의미하는 질적인 개념이다. Ibid, 26.

통해 사회적 기능을 수행한다.[98] 예수는 자신의 교회를 사회적 존재가 되게 함으로써 사회질서를 지배한다. 교회는 인간을 예수 그리스도와 인격적으로 교제하는 개인으로서 뿐만 아니라 공적인 임무를 수행하는 사회인으로서 이해하고 그에게 선포해야 한다. 교회는 예수 그리스도의 세계통치의 전초기지다. 따라서 교회의 사회적 위임은 결코 자기 안에 내재하는 자질이 스스로 전개되는 것이 아니라 스승이 사회적 역할을 감당한다는 사실에 그 근거를 둔다.[99] 교회의 사회적 위임은 오직 이러한 교회의 자기이해를 통해서만 정당화될 수 있다. 틸리케에 따르면 교회는 예를 들어 기독교적 정치를 실행하기 위해 사회제도와 직접적으로 연관되어서는 안 된다. 교회는 항상 자신을 예수의 명령과 세상에 대한 그의 통치아래 세워야 한다.

여기서 틸리케는 교회의 사회적 위임 속에서 "구원사적 운동"(heilsgeschichtlichen Rhythmus)을 강조한다. 그는 예수의 세계통치의 이중적 의미가 교회를 고립된 "게토"(Ghetto)나 사회질서 안에 안주하지 않도록 한다는 데서 그 근거를 찾는다.[100] 사회 속으로 침투한 교회는 먼저 게토로 추방되고 그 안에서 어느 정도 "자기정화의 시간"(Läuterungszeit)을 가진 후에 다시 사회적 기능을 회복하고 세상 안으로 파송된다.[101] 비록 교회의 사회적 기능이 자신의 자질이 아닐 찌라도 교회는 사회 안에 정주하는 것을 부단히 추구해야 한다. 그 때문

---

98) Ibid, 18.
99) Ibid, 22.
100) 만일 교회가 어느 한쪽에 안주하면 결국 교회는 개인화되든지 세상화 된다.

에 교회는 자신이 처음 사회적 기능을 갖게 된 곳으로 돌아오도록 요청된다. 이렇게 교회는 항상 게토와 사회 사이를 움직인다. 둘은 서로 명확하게 구분될 수 없기 때문에 교회는 사회를 자신과 격리시켜서 해석할 수 없다. 게토는 사회와 대립하는 영역이 아니라 교회가 거룩한 남은 자로서 사회적 능력을 갖게 되는 장소이기 때문에 교회는 사회를 넘어서 있을 뿐 아니라 또한 사회 안에 존재한다. 교회는 구원사적인 리듬 속에서 예수의 세계통치가 인간의 개인적 삶과 사회적 삶의 전 영역 속에서 실현되도록 힘써야 한다.[102] 이와 같이 기독교 복음의 사회적 요구는 위로부터가 아니라 아래로부터, 다시 말해서 사회적 삶의 영역의 구체적 상황 속에서 현실화 된다.[103]

(3) 교회의 사회적 위임을 위한 표준으로서 하나님의 계명

하나님의 계명은 교회를 형성하는 개인을 사회적 영향

---

101) 틸리케는 이러한 성찰을 통해 독일의 교회가 2차 세계 대전 후에 게토가 부서져 열리고 자신의 사회적 위임이 요청되는 시기에 있었다는 인식을 하게 된다. 그가 볼 때 당시의 상황은 성숙해진 교회가 거룩한 남은자로서 다시 사회적 기능을 회복하는 구원사적인 과도기를 형성한다. 왜냐하면 교회는 외적으로는 엄청난 파괴와 인명 손실을 통하여, 그리고 내적으로는 국가사회주의의 제거를 통하여 완전히 다른 모습이 되었기 때문이다. 그는 다음과 같이 표현한다: "예수 그리스도의 교회는 말하자면 자기 스스로가 거의 신뢰할 수 없는 영역 중의 하나로서 남아있는 현실상황을 통해서 사회의 구체적인 문제들에 대해 입장을 표명하도록 요청될 뿐 아니라 또한 강요된다. 새로운 경제구조의 확립, 기독교 정당의 문제 그리고 기독교 언론 등의 문제에 교회는 대응해야 한다."(Ibid, 22).
102) 교회의 이러한 사명은 틸리케에게 있어서 구체적으로 "교회의 파수직" (Wächteramt der Kirche)을 의미한다. 아래 3.2를 참조할 것.
103) Ibid, 124.

력을 행사하게 함으로써 교회와 사회를 매개한다. 틸리케는 십계명이 당위성에서 출발하는 윤리와는 달리 대부분 부정적 구조를 가지고 있다는 사실에 중요한 의미를 부여한다.[104] 십계명의 이러한 부정적 성격은 무엇보다 하나님의 '자기소개' 이후에 곧바로 금지규정으로 시작하며 부정적 형식 속에서 그러한 긍정적 자기소개를 다시 한 번 반영하는 첫 번째 계명 안에 표현된다.[105] 하나님은 말하자면 이미 존재하는 대항적인 세력 앞에서 자기 자신을 표현하면서 인간의 타락을 고려한다.

십계명의 부정적 구조 때문에 그것으로부터 구체적인 윤리적 행동을 도출할 수 없다. 그 부정적 구조는 "자연법"(Naturrecht)이 아니라 "자연-불의"(Natur-Unrecht)를 전제한다.[106] 십계명의 금지형식은 그것이 본래적 창조의 계명을 포함하지 않는다는 것을 시사한다. 십계명은 각 계명들의 구체적인 성취[107]가 아닌 인간의 타락을 전제한다. 그것은 긍정적

---

104) Ibid, 92. 예를 들어 칸트적 관점에서 자아는 규범이 윤리적 자기 현실화(정언적 명령)에 기초하기 때문에 그 규범을 오직 "나는 해야 한다"는 내면적 음성으로부터만 인식한다. 사회적 규범들은 먼저 이러한 자기 현실화를 전제로 한다. 틸리케의 계명이해는 계명이 수평적 역사의 규범성들을 고려한다는 의미에서 칸트의 윤리와 동일한 형식을 가진다.
105) Ibid, 93.
106) Schrey는 이와 관련하여 틸리케가 십계명의 부정적 해석을 통해 루터의 한계를 극복했다고 주장한다: "루터에게 금지의 규정들은 동시에 긍정적인 계명을 포함한다; 그렇다면 십계명은 자연불의(Naturunrecht)뿐 아니라 자연법(Naturrecht)을 함축하며 변하지 않는 하나님의 뜻으로 이해된다". H. H. Schrey, Kennt der Protestantismus ein Naturrecht? in: ZEvE 5(1961), 349. 이와 관련해서 본훼퍼도 십계명을 하나님 앞에서 자유로운 삶을 위한 긍정적 안내로서 이해한다. D. Bonhoeffer, Ethik, zusammengestellt von E. Bethge, Muenchen, 1963, 293f.

창조계명으로서 하나님의 본래적 창조의지가 깨어졌음을 나타낸다. 그럼으로써 십계명은 인간의 현존재에 항거한다.[108] 그 때문에 십계명은 창조계명이나 규범적 내용이 아닌 하나님과 인간 사이의 관계규정을 포함한다. 하나님은 인간을 타락한 피조물로 규정하면서 또한 자신을 그의 하나님으로 소개한다. 여기서 두 존재는 질적인 모순 속에 있다. 하나는 다른 하나의 부정을 통해서만 설명될 수 있다. 그때문에 십계명은 긍정적 형식 속에서 표현될 수 없는 것이다.[109] 십계명은 인간을 구체적 행동으로 인도하는 것이 아니라 오히려 인간의 타락에 저항함으로써 하나님과 인간 사이의 거리를 드러낸다. 다시 말해서 십계명은 인간이 어떤 것을 해야 하기 보다는 어떤 존재이어야 하며 그 존재가 되어야 한다는 의미를 내포한다. 십계명은 인간을 율법의 수여자 앞에 세운다. 이러한 의미에서 첫째 계명 앞의 하나님의 자기소개에 함축되어 있는 하나님에 대한 사랑은 십계명의 목표를 형성한다. 십계명의 특징은 그것이 먼저 윤리적 규범을 표현한다기 보다는 하나님과 인간의 깨어진 인격적 관계를 드러낸다는 데 있다.[110]

---

107) 틸리케가 볼 때 계명의 구체적 성취는 그것이 비본질적이며 요구된 것과 이루어지지 않은 것 사이의 실제적 괴리를 형성시킨다는 점에서 상징적인 의미를 가진다. Thielicke, Kirche und Öffentlichkeit, 106.
108) 틸리케는 이것을 다음과 같이 설명한다: "살인하지 말라. 왜냐하면 너는 살인자이기 때문이다. 간음하지 말라. 왜냐하면 너는 간음자이기 때문이다". Ibid, 94.
109) 십계명의 부정적 형식은 세상 어느 곳에서도 하나님의 창조의지의 흔적을 발견할 수 없음을 암시한다. 이러한 사고는 틸리케가 자신의 윤리를 윤리적 규범의 기초설정으로 이해하지 않은 것과 관련된다. 이것에 대해서 이후에 4장 개요와 p. 99의 (1)과 p. 102의 (2)를 참고하시오.

십계명은 타락과 심판 사이에 있는 세상의 곤경에 대한 하나님의 대응을 의미한다. 세상질서는 그 안에서 창조와 죄가 구조적으로 나누어질 수 없으며 둘이 독립적으로 표현될 수 있는 "중간질서"다.[111] 틸리케는 이러한 사실을 "노아계약"을 통해 강조한다. 그에 따르면 이 계약은 인간의 타락을 "창조의 원상태에서 타락한 세상으로의 전이"[112]를 묘사한다. 노아계약은 하나님이 인간의 타락 때문에 창조시에 주어진 질서들이 폭력의 원리에 의해 유지됨을 허용한다는 것을 의미한다.[113] 그때문에 하나님과 인간의 창조의 관계는 타락으로 인하여 사회적 삶의 영역에서 실현될 수 없다. 노아계약의 원리를 통해서 틸리케는 하나님이 자신의 본래적 창조의지를 변경시키면서 그 의지를 세상의 폭력과 보복의 원리에 순응시켰다고 표현한다.[114] 따라서 수평적 역사의 규범적 원리들은 하나님의 의지를 담고 있다. 이것은 틸리케의 역사신학에 있어서 하나의 변화를 나타낸다. 하나님은 이제 피조물의 타락

---

110) 틸리케에게 있어서 인격개념은 먼저 하나님의 인간에 대한 관계, 그리고 여기서부터 형성되는 인간의 하나님에 대한 관계를 나타낸다. 그의 인격개념은 이후에 "신학적 윤리"(ThE.I, 433ff.)에서 나타나는데 거기서 그는 인간이 하나님에 대한 관계 속에서 규정된다는 사실은 하나님이 인간과의 관계 속에서만 스스로 규정되기를 원하셨다는 데 있다고 이해한다.
111) Thielicke, Kirche und Öffentlichkeit, 73. 틸리케는 다음과 같이 설명한다: "이 에온의 질서들은 선과 악을 벗어난 규범원리들에 속해있는 것이 아니라 인간의 질서들이며 결국 타락한 인간실존의 구조적 형식이라는 의미에서 단순히 창조질서로서 선하다거나 가치중립적이라고 볼 수 없다" (Ibid., 61.).
112) Ibid, 99.
113) 예를 들어 창세기 9장 2절과 6절에 나오는 무질서와 보복, 응징의 원리는 인간 타락의 결과가 어떻게 피조물 질서 안에서 작용하는지를 보여준다.
114) Ibid, 61.

을 고려한다. 하나님은 세상을 그것의 반창조성 속에서 심판할 뿐 아니라 보존한다. 틸리케에 따르면 노아계약은 이러한 사실을 두 가지 면에서 암시한다. 인간은 창조시에 자신에게 부여된 피조물에 대한 지배권과 다른 인간과의 공생의 관계를 타락한 이후에는 오직 폭력을 통해서만 유지할 수 있다(창 9:2, 6).[115] 한편 그 때문에 창조와 죄는 확연히 구분되지 않고 함께 사회적 삶의 영역 안에 작용한다. 타락은 폭력적인 방법으로만 해결될 수 밖에 없는 공존질서의 혼란이 항상 지배적인 세상의 "비상질서"(Notverordnungen)를 규정한다.[116] 여기서 비상질서는 하나님이 타락한 세상을 보존하고 인간과 함께하는 구원사를 이끌어가는 데 기여한다.

이와 같은 방식으로 수직적 역사는 수평적 역사 안으로 들어온다. 그러므로 수평적 역사의 비상질서는 긍정적 의미에서는 새로운 계약의 구성요소가 된다. 타락을 통해 규정된 세상을 전제하는 하나님의 계명은 결국 창조계약의 의미에서 객관적으로 인식할 수 있는 "자연-법"(Natur-recht)이 아니라 세상이 인간의 타락과 함께 짜여져 있다는 의미에서 인간으로부터 기원하는 "자연-불의"(Natur-Unrecht)를 진술한다.[117]

---

115) Helmut Thielicke, Gericht und Heimsuchung, Untersuchung zur Frage der konkreten Gerichtspredigt sowie darüber, ob eine theologische Gerichtsdeutung erlaubt sei, Tübingen, 1948, 30.
116) Ibid, 30. 틸리케는 "이혼에 대한 예수의 언급"(마 19:1f)을 위의 내용에 대한 부연설명으로 이해한다. 본래 창조질서에 속해있는 결혼이 "인간의 마음의 강퍅함"으로 인해 하나님의 이름으로 깨어지는 것은 노아계약에 나타나는 비상질서의 의미를 가진다. 그러나 마태복음 19장 8절의 내용처럼 처음에는 본래 결혼은 그러한 모습을 가질 수 없었다. "비상질서" 개념은 틸리케의 시대사적인 경험과 깊은 관련을 가지고 있다. 이후에 3.2를 참고하시오.
117) Thielicke, Kirche und Öffentlichkeit, 101.

하나님의 계명은 하나님의 창조명령 뿐 아니라 사회현실 안에 작용하는 구조적 원리도 전달하지 않으며 오히려 그 구조적 원리를 그것의 한계, 곧 타락으로 밀어내는 인격적 표준을 제공한다. 하나님의 계명은 따라서 사회적 삶의 영역을 직접 지배하고 변화시키는 것이 아니라 인간을 통해 그 영역을 명령이 주어지는 대상으로 삼는다.

이와 관련해서 틸리케는 "계명의 침투하는 기능"(Unterwanderungsfunktion der Gebote)에 특별한 의미를 부여한다. 이 기능은 틸리케의 관점에서는 마치 영지주의로 채색된 헬레니즘이 기독교 교리와 갈등을 일으키지 않고 기독교 안으로 침투한 것처럼 간접적으로 사회현실 안으로 작용한다.[118] 틸리케는 이러한 계명의 기능을 "노예 오네시모의 패러다임"(몬 1:13)을 통해 설명한다. 그 이야기에서 이전에 "주종관계의 사회질서" 속에 있던 도망한 노예 오네시모가 거듭난 그리스도인으로서 "형제와 형제 관계의 하나님 나라 질서" 안에서 자신의 주인인 빌레몬에게로 돌려보내지면서 노예제도는 어떤 면에서 볼 때 계명으로부터 침투당하여 내부로부터 붕괴되며 또한 새롭게 변화된다.[119]

---

118) Thielicke, Evangelische Kirche und Politik, 67.
119) Ibid, 68. 여기서 틸리케는 루터의 두왕국론을 그대로 자신의 사회개념에 적용시킨 것 같은 인상을 준다. 만일 틸리케가 루터의 "질서개념"(Begriff der Ordnungen)을 현대적인 자율적 사회질서 개념과 동일시하고 이 사회현실을 개인적 삶과 사회적 삶의 병존아래서 이해하려 했다면 조금 어색하다고 볼 수 있다. Jantsch는 사회윤리적 관점에서 틸리케의 "침투의 개념"(Unterwanderungsgedanken)을 비판한다: "틸리케는 빌레몬서 안에서 바울이 노예제도를 인정하지 않았다는 것, 다시 말하면 그 내용을 오늘의 상황에 접목할 수 있는 가능성에 대한 어떤 암시도 나타나지 않는다는 사실도 부연해서 말해야 한다: 그리고 교회가 사회주의를 인정하지 않았다는 사실에 대한 어떤 암시도 없었다는 점을 설명해야 한다. 그러

비록 개인의 변화가 사회 현실의 규범적 원리에 모순될 찌라도 그것은 사회현실을 다른 차원으로 옮겨 놓는다. 바로 여기에 계명의 침투의 기능이 있다. 그러나 틸리케는 이와 관련해서 그것이 계명의 기능을 말하는 것인지 아니면 복음의 기능을 말하는 것인지 구체적으로 설명하지 않고 있다. 그의 입장에서는 단지 개인적으로 나타나는 하나님의 계명에 대한 인격적 태도가 사회적 영역에도 작용한다는 사실이 강조될 필요가 있는 것이다.[120] 계명은 "사실적 성취"(de-facto-Erfüllung)없이 스스로 사회현실의 곤경을 야기시킨 인간을 통해서 그 현실에 작용해 들어간다. 이러한 방법으로 교회는 간접적으로 사회현실에 작용한다.

따라서 틸리케는 교회의 사회적 위임이라는 주제를 가지고 사회학적인 논의를 전개시키거나 교회정치를 구상하지 않고 오히려 인간학과 목회상담적인 관심을 가지고 접근하려고 한다. 사회에 대한 교회의 간접적 역할은 이러한 인간학적 관심의 직접적 결과다.[121] 교회는 개인에게 직접적으로 선포하

나 틸리케는 마치 바울이 노예제도를 반대하는 것처럼 그 내용을 확대해 석했다. 왜냐하면 바울이 실제로 노예제도에 대해 반대 입장을 표명하지 않았다는 것 또한 불명료하기 때문이다." R. Jantsch, Missbrauchte Religion, Zur evangelische Staatsethik Helmut Thielickes, Berlin, 1984, 206.
120) 틸리케는 이러한 사고를 자신의 논문, "사회구조가 회개할 수 있을까? in:ZThK66(1969)"에서 발전시킨다. 거기서 그는 개인의 회심이 역사구조의 변혁을 야기시킨다고 주장한다(Ibid., 98f). 이 논문을 비판하면서 M. Kohnstamm은 사회구조가 개인의 의식구조를 형성하기 때문에 사회구조의 변화가 인격의 변화를 야기시킬 수 있다고 강조한다. M. Kohnstamm, Person und Struktur am Beispiel internationaler Beziehungen, in:ZEE 14(1970), 193f. 이와 관련해서 주) 407을 참고하시오.
121) 틸리케는 여기서 이차원적 역사구도를 교회와 사회의 관계에 적용시킨다. 이와 관련하여 이후의 p. 17의 1을 참고하시오.

면서 간접적으로 사회현실을 향해 말을 건넨다. 교회는 개인적으로 일어나는 인격적 신뢰가 사회영역에도 영향을 끼친다는 의미에서 사회현실과 관련을 맺는다. 교회는 그 때문에 계명의 이름으로 사회를 지배해서는 안 되며 오히려 사회 속에서 공적인 역할들을 감당하면서 다양한 관계영역들을 통해 삶이 규정되는 인간에게 책임적으로 선포해야 한다.[122]

(4) 사회개념의 종말론적 전환: 틸리케의 루터 두왕국론 수용

사회가 하나님의 계명의 요구아래 존재한다는 틸리케의 대전제는 소위 두 왕국의 문제와 관련된다. 틸리케에 따르면 교회와 사회의 관계규정은 루터의 두왕국론에 대응해서 나타났던 특정한 비판들의 단초가 된다. 그는 신루터주의의 편협한 사회개념 속에서 루터 두왕국론의 왜곡을 발견한다. 이 장에서는 틸리케가 신루터주의 전통을 어떻게 이해하였으며 그 안에 내재하는 문제들을 어떻게 해결하려고 시도하였는지를 살펴보게 될 것이다.

틸리케는 루터의 두왕국론을 시종일관하게 재구성하려고 하지 않고 두왕국론의 존재론적 이해에 기초하는 신루터주의의 왜곡된 해석으로부터 해방시키려고 시도한다.[123] 신루터주의 신학은 두 왕국을 두 개의 독립된 영역으로 이해하였다. 틸리케는 비록 루터가 자신의 급진적인 죄론을 궁극적으로 세상질서와 그 안에 내재하는 자율적 원리들에 적용하지 않

---
122) Thielicke, Evangelische Kirche und Politik, 68.
123) Thielicke, Kirche und Öffentlichkeit, 73f.

고, 그 결과 "의인사건"(Rechtfertigungsfaktum)을 개인의 영역에만 제한시켰을 찌라도 루터의 본래적인 관심은 신루터주의 신학에서는 도외시되었던 "창조질서 존재론"(supralapsalische Ontologie)에 대한 비판적 입장제시에 있었다고 확신한다.[124] 그래서 형식적으로 볼 때, 루터에게 두 왕국은 마치 세상질서가 하나님의 왕국과 나란히 서있는 상대적으로 독립된 영역처럼 보일 수 있다. 바로 이러한 이원론적 가능성이 신루터주의 신학이 초래했던 루터 두왕국론에 대한 왜곡이다. 말하자면 신루터주의 신학은 세상질서와 그 안에 내재하는 자율적 원리에 대한 긍정적 평가를 루터 자신의 본래적 의도로서 이해하였다. 그럼으로써 신루터주의 신학은 세상질서를 비판적으로 성찰하는 대신에 "제 2의 계시의 원천"(zweite Offenbarungsquelle)[125]으로 만들었다. 이에 상응하여 교회는 세상의 자율적 질서에 대한 자신의 사회적 위임을 망각하고 "게토"(Ghetto) 속으로 고립되게 되었다.

틸리케가 볼 때 이러한 신루터주의 신학의 이원론적 경향은 하나님 나라와 세상 사이의 문화개신교적인 결합을 초래하였다.[126] 왜냐하면 문화개신교는 세상질서의 독립성을 절대화시킴으로써 하나님의 나라를 역사내재적인 발전과정의 목표로 세속화시켰기 때문이다.[127] 여기서 문화개신교는 하나

---

124) Ibid, 65.
125) Ibid, 70.
126) Ibid, 46. 틸리케는 여기서 다음과 같은 위험성을 발견한다: "말하자면 사람들은 문화구조 자체가 기독교적 윤리규범의 현실화를 통해 하나님 나라로부터 움직여지는 것처럼 오해할 수 있다; 그리고 더 나아가서는 그러한 문화구조가 기독교적 가치관을 이상적으로 실현함으로써 하나님의 나라를 자기 안으로부터 실현할 수 있다는 주장이 제기될 수 있다."
127) Ibid, 43.

님의 계명을 자연법으로, 기독교를 세상의 형식으로 만들었다. 틸리케에 따르면 문화개신교는 결국 루터가 자신의 두왕국론을 가지고 대항했던 가톨릭의 "질서신학"(Ordnungstheologie)으로 전락하였다. 이런 의미에서 그는 교회와 세상, 기독교와 문화의 사이의 잘못된 결합을 비판하는 "변증법적 신학"[128]을 문화개신교의 왜곡된 해석에 대한 수정으로 이해한다.[129] 그러나 한편 틸리케는 변증법적 신학이 자신의 양극화된 사고구조에 심취한 나머지 하나님의 나라를 초월적인 것으로 선포하고 사회적 삶의 영역을 기독교 사신(Botschaft)으로부터 멀어지게 한 것은 부적절하다고 본다. 이와 같은 방법으로 변증법적 신학은 두 왕국 그리고 교회와 사회 사이의 괴리를 형성시켰다.

틸리케는 이러한 입장들에 대립해서 신루터주의 신학의 오류를 루터의 이름으로 수정하려고 시도한다.[130] 그는 루터가 자신의 두왕국론을 가톨릭과 문화개신교의 "질서이론"(Ordnungslehre)이 수용했던 창조질서 개념으로부터가 아니라 의인사건으로부터 구성했다는 것을 보여주려고 한다.[131] 이러한 의도는 루터의 두왕국론이 수도원적인 성화론이나 교황의 예배선별권에 대한 저항을 불러일으켰다는 사실을 통해

---

128) 틸리케에 따르면 변증법적 신학은 하나님과 그의 나라를 전적으로 다른 영역으로 이해한다는 의미에서 하나님 나라와 세상질서 일원화에 대한 하나의 비판체계다. 그러나 틸리케는 한편 변증법적 신학이 케리그마를 개인화하였고, 그럼으로써 사회, 곧 수평적 차원에 대한 논의를 등한시했다고 본다.
129) Ibid, 39.
130) Ibid, 65f.
131) Ibid, 71.
132) Ibid, 66.

그 의미가 강화된다.[132] 따라서 루터의 두왕국론을 바로 이해하기 위해서는 그의 급진적인 죄론을 먼저 고려해야 한다. 이러한 사실로부터 틸리케는 루터가 하나님의 왕국과 나란히 존재하는 세상질서의 독립성을 의도하지 않았다고 추론한다.

틸리케는 이러한 주장을 루터의 "부모됨에 대한 교리문답집"의 세례에 대한 조항의 내용을 통해서 설명한다. 여기서 루터는 부모의 권위를 스스로에게서나 아니면 노년 세대로부터 젊은 세대로 전수되는 세대관계의 자율적 원리로부터가 아니라 "부모를 공경하라"고 하나님이 명령하셨다는 사실로부터 이해한다.[133] "부모됨"(Elternstand)은 말하자면 하나님의 계명으로부터 기원하는 "낯선 존엄성"(fremde Würde)이다. 이처럼 세상에서의 관계규정이 하나님과 인간의 관계에 기초하기 때문에 그 관계를 통해 규정된 역할에 충실하는 것은 엄밀한 의미에서 인간이 그 역할 속에서 성취하는 하나님을 향한 예배로서 이해할 수 있다.

두 왕국은 이러한 의미에서 두 개의 독립된 질서들이 아니라 하나님의 이중적 통치방식을 나타내며, 그 때문에 세상질서는 다름 아닌 "하나님의 왼팔에 의한 통치"로서 이해된다.[134] 두 왕국은 결코 그 안에 내재하는 자율적 규범에 의해서 평가되어서는 안 된다. 따라서 세상질서 안에서의 행동은 인간을 의롭게 할 수 없으며, 오히려 이 질서는 단지 인간이 하나님의 계명을 통해서 성화되는 공간만을 제공한다. 그러나 여기서 틸리케에 따르면 두 왕국 사이의 양극성이 하나님의 질서 안에서 사라져 버릴 수 있으며, 그 결과 두 왕국이 서로

---

133) Ibid, 67f.
134) Ibid, 72.

조화를 이루는 듯한 오해의 소지가 남아 있다.[135] 말하자면 루터의 두왕국론은 종말론적 긴장이 배제되어 있다. 그 때문에 사람들은 신루터주의가 그랬던 것처럼 그 이론을 이원론적인 존재론으로 오해할 수 있다.

틸리케는 세상질서의 절대적인 독립성을 피하기 위해서는 루터의 급진적인 죄론을 세상질서 자체에도 적용시키는 것이 중요하다고 본다. 틸리케가 시도하는 종교개혁적인 두왕국론은 죄에 감염되었으며 하나님의 계명이 그것으로 인하여 수정된 세상의 비상질서와 관련된다.[136] 그는 루터에게서 나타나는 세상질서에 대한 하나님의 통치를 인간 삶의 영역에 접목시킨다. 비상질서는 그것이 타락한 인간의 실존형식에 상응한다는 의미에서 인간적이며, 한편 타락과 그것을 투영하는 파괴적 원리에 대립하여 형성되었다는 의미에서 신적이다. 따라서 하나님의 세상 통치는 세상의 독립성에 대한 허용을 암시하는 것이 아니라 오히려 심판을 거부하지는 않지만 연기하는 하나님의 비본래적인 의지를 나타낸다. 틸리케는 이런 관점에서 두 왕국을 양식적(modal)으로, 다시 말해서 하나님의 이중적 통치방식으로 구성하지 않고 또한 공간적(lokal)으

---

135) 여기서 틸리케는 루터의 두왕국론 안에는 세 가지 위험성이 존재한다고 본다. 첫 번째 위험은 공적인 직무 안에서의 행동과 개인적 영역에서의 행동 사이의 구별에서 나타나는 "이중윤리"의 위험이다. 두 번째 위험은 사람들이 세상을 인격적으로 관여하거나 영향을 줄 수 없는 순수한 기능적 영역으로 이해하게 되는 것이다. 세 번째 위험은 지금까지 언급된 것처럼 두 왕국이 끊임없이 독특한 조화 속에 공존하는 것처럼 나타나는 데 있다. Helmut Thielicke, Theologische Ethik, I, 1799-1817.
136) 이것은 하나님이 역사의 타락을 고려하여 수평적 역사 안으로 들어옴을 의미한다. 여기서 틸리케의 초기 역사신학에 표현되는 하나님의 무조건적 의지는 변화된다.

로, 다시 말해서 두 개의 독립적 영역으로도 보지 않으며 오히려 두 왕국을 연기되었지만 임박한 재림을 통해 규정되며 그 때문에 종말론적 긴장 속에 있는 두 시간영역으로 대체한다. 그 두 시간은 타락과 심판 사이에 있는 옛 에온과 옛 에온을 항상 문제시하는 새 에온으로 나누어진다.[137] 틸리케에게 있어서 두 에온은 앞뒤로 연결된 것이 아니라 그리스도를 믿는 사람은 이미 다가오는 에온 안에 있다는 의미에서 수평적 역사 안에서 서로 만난다. 이와 같이 틸리케는 "의인인 동시에 죄인"(simul justus et peccator)으로서의 기독교적 실존의 긴장을 두 에온 사이의 시간적 긴장으로 전환시킨다. 이렇게 이차원적 역사구조가 종말론화 됨으로써 틸리케의 역사신학 안에 내재하는 이원론의 난제는 … 도래하는 에온은 더 이상 지나가는 에온 밖에 존재하는 것이 아니라 그 안에 현존한다. 그러나 그럼에도 불구하고 두 에온 사이의 관계규정은 틸리케에게 여전히 불명료하게 남아 있다. 틸리케는 "교회와 사회"에서는 아직 도래하는 에온과 지나가는 에온이 어떻게 관계를 맺고 있는지를 충분히 부연해서 설명하지 않고 있다.[138] 그는 무엇보다도 두 에온의 종말론적 긴장이 기독교인의 이중적 실존방식과 연관된다는 사실에 관심을 가진다. 그러므로 이제부터 틸리케의 저작에서는 종말론이 결정적인 역할을 수행하며 특히 "신학적 윤리"에서 구체적으로 전개된다.[139]

---

137) Thielicke, Kirche und Öffentlichkeit, 57f.
138) 틸리케는 이후에 "신학적 윤리"에서 두 에온의 관계를 자세하게 설명한다. 주) 219, 222와 223를 참조하시오.
139) 틸리케는 두 에온 사이의 종말론적 긴장을 자신의 윤리의 주제로 다룬다. 이후의 p. 102의 (2)를 참고하시오.

2. 지나가는 에온에 대한 교회의 파수직: 심판질서로서 역사

지금까지는 틸리케의 초기 저작들에 나타나는 교회론이 그의 이차원적 역사이해의 관점에서 기술되었다. 그러나 그의 교회론은 또한 그의 시대의 구체적인 역사적 상황, 다시 말해서 2차 세계대전을 배경으로 하고 있다. 특히 그의 비상질서 개념이 종전 직후에 그의 교회론 저작들 가운데 처음으로 나타나는 것에 주목할 필요가 있다.[140] 또한 틸리케가 자신의 교회론에 적용한 용어나 개념들이 그의 전쟁경험을 통해 채색되었다는 사실은 중요한 의미를 가진다.[141] 틸리케의 비상질서 개념은 그가 독일의 전쟁(2차 대전) 직후상황을 신학적으로 해석하려 했음을 암시한다. 필자의 입장에서 볼 때 틸리케는 이후에 그의 윤리학 안에 나타나는 타협의 개념을 그러한 관심으로부터 발전시킨다. 그는 그의 윤리학에서 세상을 어떠한 최선의 해결책도 불가능한 하나의 "비상상태"(Notzustand)로 이해한다.[142]

틸리케의 초기 교회론은 일종의 "재난의 신학"(Katastrophentheologie)이다. 그는, 예를 들어 전쟁이 야기시키는 것과 같은, 재난의 상황을 오직 폭력과 보복의 원리를 통해서만 유지되는 "비상질서"(Notordnung)의 증상으로 이해한다. 그는

---

140) Thielicke, Kirche und Öffentlichkeit(1947), 61f, Gericht und Heimsuchung(1948), 30f.
141) 예를 들어 "게토"(Ghetto)와 사회 사이에 있는 교회, 예수 그리스도의 전제적 지배(Totalherrschaft)등에 나타난다. 이와 관련하여 앞의 주) 101을 참고하시오.
142) 이후의 p. 135의 5를 보시오.

그럼으로써 역사 안에서 하나의 구체적인 "반창조성"(Schöpfungswidrigkeit)이 하나님의 심판을 암시한다는 사실을 나타내 보이려고 한다. 이러한 의도는 비상질서로서 역사가 심판질서라는 사실에 그 근거를 가진다. 그 때문에 교회의 "사회적 위임"(Öffentlichkeitsauftrag)은 교회의 "파수직"(Wächteramt)에 있다. 다시 말해서 교회는 하나님의 심판으로서 재앙의 시간을 감지하고 그 시간을 위기가 아니라 구원의 시간으로 해석하고 선포하는 과제를 가지고 있다.

(1) 종말론적 심판의 표현으로서 역사의 구체적 상황

틸리케에게는 두 가지 유형의 심판이 있다. 하나는 "선취적 종말심판"(proleptisches Endgericht)이고 다른 하나는 "보편적 심판"(universales Gericht)이다. 역사의 구체적인 재앙의 상황은 위의 두 종류의 심판을 나타낸다. 틸리케는 이 두 가지 유형의 심판들을 가지고 개인적 심판상황과 우주적, 보편적 심판상황을 결합시키려고 시도한다. 이것은 다름 아닌 그의 종말론적 관심에 기초한다. 그는 종말을 두 가지 심판유형을 통해 개인적 심판상황을 포함하는 "위기-구원-형식"(Krisis-Soteria-Figur)과 결합하려고 한다. 그는 초기 역사신학(역사와 실존)에서 전 역사를 인간이 하나님으로부터 무조건적으로 요구되는 구체적 상황을 통해 성찰했지만 이제는 거꾸로 그 구체적 상황을 위기와 구원의 "적절한 시간"(angemessene Zeit)으로 규정하기 위해 역사에 대한 보편적, 우주적 심판으로부터 이해한다. 이 단원에서는 우선 "선취적"(proleptisches)[143] 심판이 다루어지게 될 것이다.

틸리케는 종말심판이 미래적 사건일 뿐 아니라 또한 파국상황을 통해 고무적으로 역사과정 안에 포함되어 있다고 강조한다. 그는 이러한 주장을 예루살렘의 멸망과 세상 종말이 동시에 나타나는 마태복음 24장의 "공관복음적 묵시"(synoptische Apokalypse)를 통해 설명한다.[144] 여기서 역사의 심판상황은 단순히 상징적 의미만을 가지는 것이 아니라 오히려 그 상황 속에 종말심판이 현존한다. 선취적 심판은 현재적 심판상황을 예증한다. 비록 아무것도 일어나지 않은 것처럼 보이지만 결정적인 것은 이미 일어났다. 틸리케의 "선취적" 심판에 대한 진술 속에 존재하는 외부적인 불명료성은 하나님의 심판의 양면성, 곧 그가 자신의 초기 역사신학 이래로 견지해오는 "위기와 구원"에 대한 사고로부터 유래한다. 심판상황은 그것이 재앙의 시간동안 모든 인간을 역사 안에 현존

---

143) 틸리케는 이 개념을 그의 텍스트에서 매우 불명료하게 사용한다. 선취적이라는 개념은 특히 그의 역사이해에서 모순을 일으킨다. 예를 들어 심판 아래서 역사의 진보를 설명하는 노아계약의 "비상질서 이론"은 선취적 심판관을 전혀 포함하지 않는다. 틸리케는 자신이 이 용어를 가지고 정확히 무엇을 의도했는지를 설명하지 않고 사실상 자신의 글 속에서 "징후적인"(vorlaufend), "전조의"(zeichenhaft)라는 단어의 동의어로서 사용한다: "메뚜기재앙은… 하나의 비유일 뿐 아니라 다가오는 종말심판의 전조다"(Thielicke, Gericht und Heimsuchung, 35). 틸리케는 여기서 인간의 타락이 전 역사 안으로 들어왔다는 의미에서 개인적 심판상황을 우주적인 심판국면과 연결시키려고 시도한다. (선취적) 종말심판은 틸리케에게 있어서 재림의 날에 일어나는 종국적인 "양과 염소의 분리"가 이미 현재의 신앙의 결단 속에 성취된다는 것과 관련된다. 이렇게 종말은 "먼저 여기서"(erst hier) 시작되지만 "완전히 도래하지는 않은"(nicht schon) 것이다. 이러한 종말론의 문제는 여전히 틸리케에게는 미해결로 남아 있다. 그것은 그에게 개인적 차원과 우주적 차원 사이에 뚜렷한 구별이 없다는 사실과 연결된다.
144) Thielicke, Gericht und Heimsuchung, 34f.

하는 종말 앞에 세운다는 의미에서 위기다. 그러므로 개인적 심판상황은 위기상황의 보편적 연대성 안에 포함된다. 동시에 그 심판상황은 현실의 규범성 아래서의 안전이 불투명해지는 한 종말론적 의미 속에서 "구원시간"(Soteria-Stunde)이 된다. 여기서 역사 안의 심판상황은 마치 옛 에온이 새 에온에 길을 양보하듯이 진화론적 의미에서 종말 심판을 향해 나아가는 것이 아니다. 종말 심판은 종말이 완성으로서가 아니라 이미 이 세상 에온 안에서 성취된 것에 대한 확증으로서 나타나기 때문에 본질상 성취되지 않은 것이다. 틸리케에게 있어서 심판상황은 "시간의 표식"(Zeichen der Zeit)으로 표현된다. 심판상황은 곧 예수의 재림을 직접적으로 임박해 있는 것으로 선포하는 "심판과 구원"(Gericht und Heimsuchung)의 시간을 형성한다.

그 때문에 틸리케에게 "선취적 심판"은 선취적일 뿐 아니라 또한 종말의 현존을 입증하는 현재를 암시하는 것처럼 보인다. 이렇게 볼 때 누구든지 거꾸로 현재적 심판이 종말적 심판을 규정한다고 반박할 수 있는 여지가 있다. 이런 의미에서 비록 틸리케가 자세히 표현하지는 않았지만 "선취"보다는 "재성취"(relepsis)가 그의 사고에는 더 적절한 용어라고 볼 수 있다.

(2) 보편적 심판의 표현으로서 역사의 구체적 상황

틸리케에게 심판상황은 선취적 의미 뿐 아니라 또한 보편적 의미를 가진다. 타락한 에온의 비상질서는 스스로를 단지 보존질서로서 나타낼 뿐 아니라 동시에 하나님의 심판의

지를 포함한다. 왜냐하면 하나님은 폭력과 보복의 원리와 같은 타락한 이 세상 안에 작용하는 반창조적 원리들을 자신의 심판의 도구가 되게 하면서 세상을 그 파멸에 귀속시킨다.[145] 폭력과 보복의 원리는 파괴된 창조질서로서 세상이 오직 자기파멸의 원리를 통해서만 유지된다는 것을 암시한다.[146] 여기서 비상질서는 다름 아닌 심판질서로서 나타난다.

틸리케는 밖에서 세상 안으로 침투해 들어오거나 먼 미래로 연기된 어떤 것이 아니라 오히려 직접적으로 역사적 상황 속에 함축되어 있으며 그 상황을 밝혀준다고 주장한다.[147] 그는 역사적이며 구체적인 한 무질서의 상황이 "심판아래 있는 시대적인 세계상황의 상징"으로 본다. 이러한 이해는 개인의 죄가 이 세상의 보편적 "죄책연관"(Schuldzusammenhang) 속에 연결되어 있음을 드러내는 그의 "비상질서 개념"[148]에 기초해 있다. 동일한 방법으로 개인의 고난 그리고 반창조성과 창조질서의 혼란을 예증하는 구체적인 재앙상황은 이 시대 전체의 고통 속에 포함되어 있으며 그럼으로써 보편적인 심판 속에 함축되어 있다. 이것은 틸리케가 전 역사를 산상설교의 무조건적 명령 아래 있는 수직적 심판상황으로부터 성찰하면서 "역사와 실존"에서 적용하였던 귀납적 방법의 수정을

---

145) Ibid, 30f.
146) 틸리케는 이러한 심판의 보편적 성격을 전쟁을 통해서 설명한다: "전쟁은 (적어도 정의로운 전쟁의 상황에서는) 살인을 막기 위해서 살인이 저질러지는 것을 의미한다. 그리고 적대적인 폭력이 제거되기 위해 폭력이 사용되는 것을 의미한다. 또한 사람들이 형평의 원리를 통해 질서를 위지하기 위한 방편으로 보복의 원리를 사용하는 것을 의미한다"(Ibid., 32).
147) Ibid, 32.
148) 앞의 p. 65의 (3)을 보시오.

의미한다. 이제 틸리케는 개체적인 역사상황을 보편적인 시대적 심판으로부터 이해한다. 그는 그럼으로써 결의론적인 의미에서 개체적인 죄를 격리시키는 문제를 해결하고 그 죄를 재앙상황의 원인으로 이해하려고 한다. 그 때문에 여기서는 개인적 심판이 아니라 시대적이며 보편적인 심판이 중요한 주제가 된다. 개인적이며 구체적인 역사적 상황은 보편적인 심판상황의 "축약된 표현방식"(eine Art mikroskopische Darstellung)으로 설명될 수 있다.[149]

틸리케에 따르면 하나님이 심판을 죄와 징벌의 시대적 연관 속에서 나타나게 하는 것은 하나님의 심판 자체가 하나의 보복의 의미를 함축한다는 것을 암시하지 않는다. 하나님의 심판은 법률적인 죄와 벌의 관련성으로 이해될 수 없다. 여기서 중요한 것은 이 에온 안에 일어나는 심판 과정의 완성과 그것을 통한 명백한 심판의 연속성에 대한 확증이 아니라 그 심판의 배경, 곧 "하나님의 세상통치"(die göttliche Weltregierung)이다.[150] 비록 하나님의 세상지배가 자연법과 역사질서 안에서 성취될지라도 그의 권능은 그것들을 통해 제한되지 않는다. 심판에 있어서 특징적인 것은 세상질서의 제한성이 아니라 하나님의 무제약성이다. 따라서 심판은 인간의 정의개념에 상응하지 않는다. 틸리케에게는 역사적이거나 개인적인 불행상황으로부터 구체적인 죄로 소급해 올라가거나 거꾸로 특정한 죄로부터 구체적으로 역사 안에서 인식할 수 있는 하나님의 보응을 연역해내려는 시도는 무의미하다.

틸리케는 보편적 심판이 역사적인 표적으로 일어나기

---

149) Thielicke, Gericht und Heimsuchung, 39.
150) Ibid, 40f.

때문에 그것을 하나님의 계시로서 이해한다. 보편적 심판은 한편으로는 죄가 징벌을 야기한다[151]는 사실을 입증하며 다른 한편으로는 특정한 죄에 대한 특정한 보응이 정해져 있지 않음을 드러낸다. 그것은 인식론적으로 파악될 수 있는 객관적인 현상이 아니라 하나님의 "의"(Gerechtigkeit)에 속해 있다. 그 때문에 우리는 구체적인 사건에 있어서 죄와 심판의 어떠한 연속성도 주장할 수 없다. 틸리케는 심판의 이러한 객관적인 특징을 바울의 개념인 "내어버려두심"(dahingegeben)[152]으로 설명한다. 말하자면 하나님은 인간을 그의 행동의 결과에 떠맡겨 지도록 하기 위해서 뒤로 물러난다.[153] 그럼으로써 하나님에 대한 인간의 반역은 그 징벌을 자기 자신 안에 가지고 있으며 그 결과 인간은 다름 아닌 "자기 심판"(selbstgericht)으로 인도된다. 이처럼 틸리케는 심판을 반역의 다른 한쪽 면으로서 이해한다. 심판은 이미 이 에온(시간) 속에 하나님에 대한 피조물의 반역과 함께 주어졌으며 그 때문에 이 에온 안에 내재한다. 심판은 말하자면 수직적 사건으로서만 나타나는 것이 아니라 역사의 수평적 차원으로 확장된다.[154] 그러나 심판은 자동적이며 자율적인 과정의 순간을 자신 안에 결코 가지고 있지 않다. 하나님의 심판의 객관적인 특이성은 하나님의 절대적인 섭리에 기초하는 비밀이다. 이 에온 안에서 끊임없이 작용하는 하나님에 대한 반역이 인식 될 수 없듯이 그 비밀은 밝혀질 수 없는 것이다. 여기서 우리는 다음과 같은

---

151) Ibid, 44f.
152) "paredoken", 롬 1:24, 28.
153) Ibid, 46f.
154) 이러한 관점과는 반대로 틸리케의 초기 역사신학에서는 하나님이 무조건적 명령을 통해서 인간에게 부과하는 수직적 심판이 중요한 문제였다.

질문을 제기할 수 있다. 왜 세상 안에서 하나님의 심판은 숨겨져 있으며 그 결과 죄와 징벌의 연관성이 확증되지 못하는가? 그렇다면 혹시 하나님은 침묵하시며 실제로 이 일도 일어나지 않는 것은 아닌가? 그러므로 역사 안에서 하나님의 구체적인 활동은 불명료해지는 것은 아닌가?

하나님은 수동적이며 침묵하는 것처럼 나타난다. 이것은 틸리케에게는 하나님의 심판의 한 "유형"(Stil)에 내어 맡기는 것은 하나님의 간접적 심판이다. 세상 안에서 하나님의 외형적인 수동적 태도는 인간의 "수용불가능성"(Unempfänglichkeit)과는 어떠한 관련도 없으며 오히려 그것은 하나님의 심판에 있어서 "최고조의 활동성"(höchste Aktivität)을 나타낸다.[155] 그 때문에 죄와 보상이 시작과 그 결과가 된다는 의미에서 심판의 구체적인 실현이 문제가 아니라 하나님에 대한 반역으로서 죄가 자기심판이라는 사실에 기초한 배경적인 연관성이 더 중요하다고 볼 수 있다. 틸리케는 한 걸음 더 나아가서 하나님은 이 에온의 반역을 인정하며 그 반역 속에 이미 내재되어 있는 심판의 의미를 이 에온 안에서 작용하도록 한다고 주장한다.

틸리케는 이러한 심판의 "예증적"(demonstrativ) 기능으로부터 심판의 "구원적 의미"(Soteriasinn)를 이끌어 낸다.[156] 하나님은 내재적인 심판을 통해서 반역을 지적하면서 이 에온을 돌이킴과 회개를 위한 적절한 시간이 되게 한다. 틸리케가 볼 때 심판은 직접 결정적인 위기로 이끌어지는 것이 아니라 위기와 구원 사이에서 결단해야만 하는 한계점으로 인

---

155) Ibid, 46.
156) Ibid, 14f, 58f.

간을 인도한다.[157] 그렇다면 다가오는 에온의 "종말적 심판"(Endgericht)은 저 세상으로부터 엄습해오는 어떤 것이거나 진화론적인 의미에서 형성된 최종적인 결과가 아니라 이미 이 에온 안에서 성취된 것에 대한 확증이다.[158] 이런 방식으로 구체적이며 역사적인 심판 상황은 보편적인 심판과 종말적 심판을 예증적으로 나타낸다. 여기서는 무조건적 심판을 상정하는 하나님의 온전한 창조의지(수직적 차원)가 관건이 아니라 그의 "상대화된 의지"(relativierten Willen, 수평적 차원)가 중요한 문제로서 다루어진다. 결국 수직적 차원은 한편으로는 성취적 심판을 통해 종말론화 되었고 다른 한편으로는 보편적 심판을 통해 수평적 역사 안으로 들어온다. 이렇게 볼 때 틸리케의 교회론은 그 안에 초기의 역사모형과 새로운 역사모형이 겹쳐서 나타나기 때문에 "역사와 실존" 그리고 "신학적 윤리"라는 두 저작 사이에 나타나는 역사신학적 발전과정 속에서 하나의 연결 통로를 형성한다고 볼 수 있다.

필자는 지금까지의 논술과정을 통해서 교회의 파수직이(Wächteramt)이 이 에온의 무질서 속에서 하나님의 내재적 심판을 인식시키며 그럼으로써 이 에온 안에 잠재적으로 주어져 있는 악을 진단해 내는 임무 속에 있다고 결론짓는다. 교회는 또한 심판이 찾아오기 전에 반역이 초래하는 필연적인 징벌에 대해 경고하면서 사전에 예방적으로 행동할 수 있다. 교회는 이 에온 안에서 심판의 복음을 선포하면서 개체적 인간의 회복뿐 아니라 역사의 회복에도 기여할 수 있다.

틸리케의 교회의 파수직에 대한 사고는 독일의 전투상황

---

157) Ibid, 62.
158) Ibid, 43f.

(Nachkriegssituation)과 연관되어 있다. 개인의 죄와 이 에온의 전체적인 죄 사이의 관계는 2차대전 후 독일의 죄과와 책임에 대한 논쟁에 대한 그의 입장을 포함하고 있다.

3. 요약 및 평가 : 역사 안에 내재하는 하나님의 의지

틸리케의 교회론은 그의 역사신학과 연결되어 있다. 교회는 역사처럼 인격적으로 규정된다. 교회는 먼저 역사의 수직적 차원, 곧 하나님과 인간의 교제 안에 존재한다. 여기서 교회의 수평적, 제도적 특징은 이차적 의미만을 가진다. "역사와 실존"에서 인간이 수평적 역사의 전체적 의미를 자신 안에 함축했던 것처럼 하나님의 말씀에 직면한 개인이 교회의 의미를 드러낸다. 교회는 관계적 의미에서 하나님의 말씀에 대한 관계가 개인에서 개인으로 매개됨으로써 형성된다. 교회는 하나님의 말씀이 사회 속에서 작용하는 한 사회적 위임을 지닌다. 말씀의 사회적 기능은 십계명에 나타나는 하나님의 명령이 사회적 삶의 영역 안에 인격적으로 침투해 들어간다는 사실을 통해 인식된다. 하나님의 계명은 수직적 차원 속에서 작용할 뿐 아니라 수평적 차원으로도 확장된다. 이러한 계명의 기능은 인간을 통해 수행된다. 인간은 계명의 사회적 요구를 자신 안에 가지고 있으면서 교회와 사회적 삶의 영역을 매개한다.

그런데 틸리케의 저작에는 만일 교회가 개인의 영역 안에서 규정된다면 신앙을 가진 개인과 비교해서 교회의 특질은 과연 무엇인가? 그리고 이에 상응하여 교회와 사회의 관계는 어떻게 이해될 수 있는가의 문제는 여전히 불명료하게 나타난다. 필자가 볼 때 이것은 틸리케의 교회개념이 하나님과 개인의 관계에 기초해 있으며 그럼으로써 수직적 관계를 반영한다는 사실에 기인한다. 교회와 사회의 관계는 "역사와 실존" 안에 나타나는 역사의 두 차원 사이의 관계를 투사한다.[159] 여기서 틸리케의 교회론에 대하여 교회는 무엇보다도 "성도들의 공동체"(Sanctorum Communio), 다시 말해서 수평적이며 제도적인 실체가 아니냐는 반론이 제기될 수 있다.

이미 앞에서 명백하게 나타난 것처럼[160] 교회의 사회적 위임은 하나님의 계명의 사회적 요구 안에 존재한다. 이 요구는 하나님이 자신의 절대적인 창조의지를 세상의 곤경, 곧 타락 때문에 수정하였음을 시사한다. 필자의 견해로는 틸리케가 자신의 글 어디에서도 직접 언급하지는 않았지만 그가 전쟁을 신학적으로 해석하려 했던 것과 관련해서 하나님의 절대적 창조의지가 그의 교회론 안에서 비상질서개념을 통해 어떤 변화를 일으켰다고 볼 수 있다. 하나님은 이제 역사의 타락을 고려한다. 하나님은 -"역사와 실존"에서 본질적인 역할을 수행했던- 자신의 무조건적 명령을 세상에 의해서 조건적이 되도록 하려고 한다. 세상질서는 그 질서 속에서 감추어진 채로 작용하는 하나님의 비본래적인 의지를 포함한다. 이렇게 수직적 역사는 구체적으로 수평적 역사 안으로 들어온다. 여기서 틸리케의 이차원적 역사 구상은 변화를 겪는다. 이제 하나님의 무조건적 의지가 아니라 "변화된"(alterierte) 의지가 역사 안에 작용한다. 이에 상응하여 수직적 역사의 이중적 구조인 "심판과 은혜"는 수평적 역사 안에서 나타난다. 긍적적

---

159) 앞의 p. 32의 2를 참고하시오.
160) 앞의 p. 65의 (3)을 참고하시오.

인 면에서 하나님의 의지는 거듭난 그리스도인으로서 개인이 자신의 사회적 삶의 영역 안으로 들어가면서 사회 안으로 침투해 들어간다. 이와 같은 방법으로 교회는 사회와 관계를 맺는다. 인간의 변화는 역사구조의 변화를 일으킨다. 필자의 견해로는 만일 틸리케가 이러한 계명의 침투하는 기능을 복음의 기능에 종속시켜 해석했다면 더 적절한 이론으로 전개될 수 있었을 것이다.

계명의 사회적 기능은 틸리케가 지금까지는 계명의 고발과 심판의 기능만을 강조하고 그에 따라 복음에 대해서는 전혀 언급하지 않았기 때문에 그의 역사신학에 있어서 하나의 의미심장한 전환점을 나타낸다. 이제 하나님의 계명은 긍정적인 기능을 수행한다. 계명의 이러한 기능은 이후에 그의 윤리에서 "율법의 정치적 기능"(usus politicus legis)으로 발전된다.

교회는 하나님의 계명의 이름으로 사회를 직접적으로 지배해서는 안 되며 오직 그 사회를 향하여 간접적으로 행동해야 한다. 교회는 계명이 수평적 역사 안으로 들어가서 그 구조들에 작용하는 것과 마찬가지 방식으로 사회와 관계를 맺는다. 교회는 사회적 능력을 유지하기 위해서 끊임없이 스스로를 하나님의 계명의 사회적 요구아래서 인식해야 한다. 그런데 여기서 계명의 사회적 기능은 인간을 통해 중재되기 때문에 사회 속에서 하나님의 의지의 활동은 열려진 채로 남아 있다.

하나님의 변화된 의지는 세상질서가 창조질서나 아니면 일방적으로 타락한 질서가 아니라 창조와 죄가 풀릴 수 없는 상호작용의 관계 속에 있는 "비상질서"(Notordnung)임을 드러낸다. 하나님은 세상을 이러한 상황 속에서 존속시킨다. 이것은 틸리케의 역사신학적 발전과정에서 하나의 새로운 출발점이 된다. 이러한 비상질서 개념은 이제부터 틸리케의 역사진학적 발전과정- 교회론, 윤리 -에서 결정적인 역할을 수행한다. 이 에온의 비상질서는 무엇보다 창조의 원리를 통해서가 아니라 창조의 혼란을 타나내는 원리, 다시말해서 폭력과 응징의 원리는 통해서 규정되는 "중간기"(Interimszeit)를 형성한다. 따라서 비상질서는 단지 "보존질서"(Erhaltungsordnung)일 뿐 아니라 "심판질서"(Gerichtsordnung)로서 이해되어야 한다.

틸리케는 자신의 종말론을 심판의 두 가지 형식과 관련시켜서 발전시켜 나간다. 그는 "역사와 실존"에서는 역사전체를 개인의 구체적 심판상황에서 바라보았지만 이제는 거꾸로 인간이 실존하는 구체적인 상황을 보편적이며 우주적인 심판상황 아래서 해석한다. 말하자면 그는 자신의 초기 역사신학에서는 전 역사를 "귀납적"[161]으로 구체적인 상황으로부터 성찰했지만 이제는 구체적인 상황을 "연역적"[162]으로 이 시대적인 연관 속에서 바라본다. 하나의 구체적인 재앙사건으로 나타나는 이 에온의 개별적인 심판상황은 한편으로는 에온 전체가 보편적인 심판아래 서 있다는 것을 예증하며 다른 한편으로는 종말적 심판을 명확하게 드러낸다. 하나의 구체적인 재앙상황은 곧 선취적으로 종말심판을 나타낸다. 종말적 심판

---

161) 앞의 p. 17의 1을 보시오.
162) 틸리케는 이제 개별적인 상황을 에온적인 심판 연관으로부터 성찰한다. 이것은 이미 그가 "역사와 실존"에서 역사 이해로서는 부적절하다고 평가했던 "추상화의 경향"(Tendenz der Abstraktion)을 의미한다. 앞의 p. 17의 1을 참고하시오

은 반역과 징벌의 연관성을 기초로 하는 것이 아니라 위기와 구원의 동시성을 의미한다. 두 종류의 심판형식은 틸리케에게 있어서 자기들 안에 기준과 가치를 지니는 것이 아니라 결국 개체적인 인간이 구체적, 역사적 상황을 카이로스로서 경험하는 것을 위해 기여한다. 이것은 틸리케의 비상질서 개념과 관련된다. "역사와 실존"에서 무조건적 심판을 의미하는 무조건적 명령으로 표현되었던 수직적 역사가 수평적 역사 안으로 들어오면서 역사의 구조들은 하나님의 심판의지와 함께 그의 보존의지를 포함한다. 그래서 인간은 하나님의 심판을 자신의 실존의 구체적 상황 속에서 직접적으로 감지하지 못한다. 이와 관련해서 교회의 파수직은 교회가 하나의 역사적인 심판상황을 인격적인 심판상황으로 진단하고 선포함을 의미한다. 그렇다면 실존적인 심판관과 역사적인 심판관 사이에 본질적인 차이가 존재하지 않게 되는데 바로 여기에서 틸리케의 종말론이 가지고 있는 중요한 문제점이 드러난다.

틸리케는 자신의 심판이해를 통해서 역사의 구체적인 상황을 두 에온 사이의 긴장으로 발전시킨다. 그는 이후에 "신학적 윤리"에서 "에온적 긴장"을 그의 윤리의 주제로서 확립시킨다. 그는 자신의 비상질서개념을 이러한 에온적 사고와 결합시킨다. "다가오는 에온"(der kommende Äon)은 "지나가는 에온"(der alte Äon)과 직선적으로 연결되지 않는다. 오히려 두 에온은 구체적인 심판상황 속에서 서로 교차한다. 왜냐하면 그 상황 속에서 지나가는 에온은 이미 끝나버리며 다가오는 에온은 이미 시작되기 때문이다.

종말적 심판이 이 에온 안에 현존한다는 틸리케의 주장은 카이로스의 의미를 가진다. 세상 시간은 결단의 시간이며 그와 함께 돌이킴과 강퍅해짐이 일어나는 분리의 시간이다. 따라서 종말적 심판은 이 세상 에온이 다가오는 에온에 직면하여 파국을 맞이하며 무로 돌아가는 것을 의미하지 않는다. 세상 종말의 부적적인 성격은 하나님 나라의 긍정적인 성격의 다른 한 면이다. 종말심판은 결론적으로 지금 일어나는 것을 명백하게 확증한다. 그것은 연기되었을 뿐 아니라 이 에온 안에 현존한다.

제 4 장

"신학적 윤리"(1951-64): 옛 에온과 새 에온 사이의 긴장영역에서의 비상규율

틸리케의 윤리는 그의 초기 역사신학의 조직적인 심화 요 확장이다. 그는 "역사와 실존"에서는 무조건적 명령을 통해 표현되었던 역사의 수직적 차원에 집중하였지만 이제 그의 윤리는 비상질서 개념에 종말론적 차원을 도입시킨 "두 에온 이론"(Lehre von den beiden Äonen)에 기초시킨다.[163] 한편 Frear는 틸리케가 자신의 윤리에서 여전히 비상질서로서의 세상에 강조점을 두고 있으며 그 때문에 틸리케의 윤리에서 종말론은 본질적인 역할을 하지 못한다고 주장한다. 그는 틸리케가 새 에온의 도래를 명료하게 규정하지 못했다고 비판한다.[164] 여기서부터 종말론은 틸리케의 중심 주제가 된다. 수평적 역사는 타락과 심판 사이의 중간기로서가 아니라 두

---

163) 비상질서 이론에 대해서는 앞의 p. 65의 (3)을 참고하시오.
164) G. L. Frear, "Need for an ongoing dimension in christian ethics," in : *JRT*27(1970), 19f.

에온 사이의 종말론적 긴장 영역으로 타나난다.[165] 여기서 틸리케 사고의 중심점은 개인적인 심판 상황(수직적 역사)으로부터 두 에온 사이의 긴장 역역(수평적 역사)으로 이동한다.[166] 필자의 견해에서 볼 때 이러한 역사의 수평적 차원의 재구성은 틸리케의 역사신학적 출발점의 연장이라고 할 수 있다. 역사신학과 윤리는 서로 종속적인 "훈령들"(Disziplinen)이다.[167] 둘은 윤리와 역사신학은 "하나님을 향한 신앙"(Glaube an Gott)이 그리스도인의 윤리적 삶을 규정하는 "현실에 대응하는 신앙"(Glaube gegen die Wirklichkeit)과 나누어 질 수 없다는 사실에 함께 연관되어 있다.[168] 이런 의미에서 둘은 현실이해라는 공통의 과제를 가지고 있다. 신앙으로부터 나타나는 행동은 어떤 주관적인 성향으로 부터만이 아니라 특정한 자율적 원리들이 지배하는 현실의 구조들로부터 조건 지워진다. 따라서 윤리적인 논제들은 동시에 "하나님의 변화된 의지"(der alterierte Wille Gottes)[169]와 타락한 세상의 "자율성들"(Eigengesetzlichkeiten)이라는 두 규범 영역에 속해있는 현실에 직면하면서 형성되며 그 때문에 항상 이중

---

165) 틸리케는 "역사와 실존"에서는 역사의 두 차원 사이의 관계를 인간이 실존하는 구체적 상황으로부터 성찰하였지만 이제는 거꾸로 인간의 구체적인 윤리적 상황을 에온적인 간장을 통해서 규정한다.
166) Thielicke, Theologische Ethik Ⅰ, 182f.
167) Hertzler는 "신학적 윤리"에서 틸리케가 인간과 역사의 상호관계를 설명하지 않았다고 비판하였는데 필자가 볼 때 그는 틸리케의 윤리가 인간과 역사의 깨어질 수 없는 연대성을 설명하는 그의 초기 역사신학과 연결되어 있다는 사실을 간과하고 있다. H. A. Hertzler, Die unbedingte Forderung, Eine Untersuchung zum Problem des Kompromisses in der theologischen Ethik, Göttingen, 1968, 100.
168) Thielicke, Theologische Ethik Ⅲ, Ⅸ.
169) 앞의 p. 65의 (3)을 참고하시오.

적인 의미를 가진다. 따라서 구체적인 상황 속에서의 결단과 행동은 단순히 기독교 신앙의 규범적 가치들로부터 도출될 수 없다. 이것은 틸리케에게는 현실이 두 에온 사이의 긴장 영역이라는 사실과 연관된다. 그렇다면 윤리적인 주제는 "우리가 무엇을 해야 하는가?"[170]의 질문이 아니라 "우리가 그 안에서 행동해야 하는 현실을 어떻게 이해해야 하는가?"의 질문과 함께 시작한다.[171] 틸리케에 따르면 이 질문은 윤리적 주제를 잘못된 방식으로 축소시켰다. 왜냐하면 그것은 단지 윤리적인 성향에만 적용되고 해석되었기 때문이다. 틸리케는 그 근거를 초대교회의 역사적 상황에서 찾는다. 초대교회는 직접적으로 임박한 재림을 고대하며 살았고 그 때문에 그 질문은 윤리적인 의미를 가지고 있지 않았다는 것이다. 그 질문은 오히려 오직 수직적 차원에만 관련되어 있다. 틸리케는 그 질문을 새롭게 해석한다 : "무엇을 해야 하는가?" 신앙의 주체가 세상에 연결되어 있기 때문에 그 질문은 이제 지연된 재림과 함께 세상과 관련을 맺게 된다.[172]

틸리케는 현실을 "역사와 실존"에서처럼 간접적으로 무조건적 명령아래 서있는 인간과의 연대성 안에서가 아니라 직접적으로 상황과 연결되어 있는 하나님의 의지의 관점에서 성찰하려고 한다. 여기서 그는 이 문제를 규범적 원리들에 기초한 이미 정해진 체계에 의해서가 아니라 구체적인 역사적

---

170) 틸리케에 따르면 이 질문은 본래 사람들이 전통적으로 신학적 윤리의 방향제시라고 여겨왔던 "오순절 공동체"(Pfingstgemeinde, 행 2:37)의 강령이었다.
171) Ibid., 9. 틸리케에게 현실은 "역사와 실존"의 이차원적 역사구조를 투영한다. 그것은 두 에온 사이의 긴장영역으로서 나타난다.
172) Thelicke, Theologiliche Ethik Ⅰ, 182f.

상황으로부터 전개시켜 나간다. 그럼으로써 그가 제시하고자 하는 것은 기독교적 실존이 현실과 만나는 구체적인 상황은 두 에온 사이의 긴장관계를 그대로 반영한다는 것이다.[173] 여기서 갈등상황이 세상에 대한 윤리적 관계의 전형적인 현상으로서 대두된다. 갈등상황은 현실이 옛 에온도 새 에온도 아닌 두 에온 사이의 긴장영역임을 암시한다. 그것은 이 에온의 비상질서를 요청하는 윤리의 근본적인 문제를 형성한다.

그리스도인은 에온 사이의 갈등으로 형성되는 세상 안에 살고 있기 때문에 구체적인 갈등상황 속에서의 결단들은 모두 하나의 "타협"(Kompromiss)으로서 나타난다. 그러한 타협은 갈등의 해소가 아니라 그러한 결단들이 에온 전체의 "죄책연관"(Schuld- zusammenhang)에 참여하는 것이며 그 때문에 항상 용서를 필요로 한다는 사실을 나타내는 표식이다. 따라서 틸리케에게 윤리의 과제는 모든 행동을 용서의 필요성과 "약속"(Verheissung)아래 세우는 것이며, 그럼으로써 그리스도인이 두 에온의 시민, 다시말해서 "의인인 동시에 죄인"(Simul justus et peccator)임을 나타내는 것이다.[174] 그 때문에 이 에온 안에서 타협의 상태는 불가피한 것이다. 타협은 기독교적 실존이 이중적 규범영역 속에서 의식분열에 빠지지 않

---

173) 이러한 틸리케의 주장은 타락한 에온의 비상질서 속에서는 개체적인 죄가 에온 전체의 죄책 연관 속에 함축되어 있다는 사실에 근거한다. 이와 관련하여 앞의 p. 65의 (3)을 보시오.
174) 틸리케는 이것을 다음과 같이 정의한다 : "윤리의 주제는 이러한 두 세상 사이의 방랑이다 ; 그것은 엄밀한 의미에서 "방랑의 신학"(Thelogia viatorum) 의 주제다. 윤리는 "아직 아니"(noch nicht)의 율법과 "곧 오신다"(ich komme bald)는 평화아래서 존재한다. 신학적 윤리는 종말론적이거나 아니면 존재하지 않는다." Ibid., 212.

기 위해서 필수적일 뿐만 아니라 그리스도인이 두 에온 사이의 해소될 수 없는 긴장영역 안에 사는 한 또는 의문스러운 것이다.

틸리케에 따르면 바로 이 갈등의 원칙적인 해소불가능성 안에 기독교 윤리의 비밀이 존재한다. 틸리케는 이 비밀을 세 가지 관점에서 설명한다. 첫째로 기독교 윤리는 두 에온 사이의 조정될 수 없는 종말론적 긴장을 반영하는 갈등은 타협의 의미를 통해서 사라질 수 없기 때문에 "종말론적 신비"다.[175] 둘째로 그것은 그리스도 안에 있는 두 본성의 해소될 수 없는 긴장에서 유래하는 "기독론적 신비"다.[176] 동일한 의미에서 두 에온의 공존 안에 있는 기독교적 실존의 통일성을 위한 어떠한 형식도 존재하지 않는다. 마지막으로 기독교 윤리는 상징과 상징화되는 대상 사이의 긴장에 기초하는 "성례전적 신비"다. 주님의 몸이 빵과 포도주의 상징 속에 숨겨져 있는 것처럼 새 에온 안에 있는 기독교적 실존은 옛 에온 안에서의 삶의 연속성 아래서 숨겨져 있다. 기독교적 실존은 옛 에온에 대하여 연속성과 불연속성의 관계를 가진다.[177] 결국 틸리케의 신학적 윤리는 현실 안에서 기독교적 행동을 위한 하나의 "처방책"(Rezeptbuch)이 아니라 갈등상황을 해석함으로써 현실 삶의 근본적인 갈등을 명료하게 하는 기독교적 안내서다.

이번 장에서는 틸리케 "신학적 윤리"의 모든 주제 영역들을 다루는 대신에 인간의 윤리적 삶을 규정하는 현실을 에온적 갈등 상황의 관점에서 논의하게 될 것이다. 그러한 과정

---

175) Ibid, 207.
176) Ibid, 208f.
177) Ibid., 189.

을 통해서 윤리의 주제영역들을 구성하는 "개념들"[178]이 어떻게 그러한 현실이해 아래서 수정되고 어떻게 윤리의 과제가 새롭게 형성되는가를 보여줄 수 있을 것이다. 종말론은 틸리케의 윤리에서 본질적인 기능을 수행한다.[179] 종말론은 기독교적 삶을 구성한다. 틸리케는 현실분석을 통해서 일반적인 "삶의 현상학"(Lebensphänomenologie)이나 단순한 상황윤리를 전개시키려고 하지 않고 에온적 긴장을 반영하는 그 때 그 때의 상황으로부터 규범의 요구와 타당성을 밝히려고 한다. 그럼으로써 그는 신학적 윤리가 한편에서는 특정한 사례에 관계되는 규율로 축소되지 않도록 하며 다른 한편으로는 현실과 동떨어진 가설적인 원칙들이 집약된 체계로 전락하는 것을 방지한다.

비록 하나님의 의지와 인간의 현실 사이의 갈등이 타협의 원리를 통해 극복될 수 없을지라도 틸리케의 사도 안에는 적어도 그러한 갈등이 해소되고 그럼으로써 상황 속에서 하나님의 요구의 의미를 발견할 수 있는 하나의 가능성이 존재한다. 이 가능성은 성령의 인도를 통한 "즉각응답"(Improvisation)이다.

현실적인 삶을 규정하는 하나님의 계명과 역사와 자연질서 안에 있는 규범적 원리들은 에온적인 긴장을 반영하는 새로운 현실이해를 통해 수정된다. 그리고 틸리케 윤리의 모든 분야들은 이 현실과 관련된다. 따라서 이번 장에서 언급되는 논제들은 틸리케의 윤리가 그의 초기 역사신학의 배경 위에서

---

178) 예를 들면, 율법, 상황, 자연법, 양심 등이 있다.
179) 틸리케는 그의 교회론에서 서술했던 선취적 심판과 보편적 심판의 두 가지 심판 유형을 윤리적 관점에서 계속 발전시켜 나간다.

전개되고 있음을 밝혀주는 것이다.

1. 문제 제기

(1) 역사적 현실의 문제를 통한 기독교 윤리의 위기

틸리케는 내재적인 규범성에 의해 지배되는 "역사적 현실"[180]을 자신의 윤리의 출발점으로 삼는다. 그가 볼 때 기독교 윤리는 역사적 현실을 통해 위기에 직면하게 되는데 그 이유는 하나님의 계명과 그 현실의 관계가 서로 조화 속에서 형성되지 못하기 때문이다.

역사적 현실은 역사적 삶을 규정하는 "자율성들"(Eigengesetzlichkeiten)[181] 안에서 움직인다. 기독교적 행동은

---

[180] 틸리케는 이 주제를 이미 "역사와 실존"에서 상세하게 서술하였다(p. 17의 1). 그는 이제 그 주제를 윤리적 측면에서 전개시킨다. 그에 따르면 역사적 현실은 인간실존의 구조적 형식이다. 이러한 이해는 "역사와 실존"에 나타나는 연대성 개념에 기초한다. 그는 "역사와 실존"에서는 역사적 현실을 하나님의 무조건적 의지로부터 성찰했지만 이제는 하나님의 의지를 이 현실로부터 해석한다. 그 결과로서 하나님의 의지는 변화된 것으로 나타난다.

[181] 틸리케는 자율성들을 정치, 경제, 예술 등과 같이 스스로 도덕적 원리들을 구현해 낼 수 없도록 하는 자기만의 규범성이 내재하는 개별적인 삶의 영역들로 이해한다(Ibid., 11.). 틸리케는 이것을 다음과 같이 설명한다: "예를 들어 예술은 오직 심미적인 관점에만 부합해야 하며 도덕적이거나 종교적인 목적아래 종속되어서는 안 된다. 만일 예술이 그렇게 된다면 그것은 "의도적인 예술"(Tendenz-Kunst)로 전락하여 자기 밖에 놓여있는 목적에 자기 자신을 내어주고 그 목적을 위해 봉사하고 그 목적이 가지고 있는 규범아래 종속되는 수단이요 도구가 되고 만다. 그것은 그러므로 자율적인 대신에 타율적이 된다."(Ibid., 154). 따라서 자율성들

바로 이 현실 속에서 문제시된다.[182] 삶의 영역의 자율성들은 기독교적 에토스의 사회적 요구들로부터 분리될 수 없기 때문에 기독교적 행동을 개인적 영역에만 제한시키지 않는다. 인간 삶의 다양한 행위영역들 속에서 하나님의 계명은 뚜렷하게 인식될 수 없기 때문에 기독교적 행동은 규범적으로 구성될 수 없다. 그 때문에 기독교 윤리는 칸트가 구상했던 도덕이론과 구별된다.[183] 틸리케에게 윤리의 가장 긴급한 과제는 현실 문제에 대한 신학적 입장을 확립해서 계명의 영역과 현실의 영역, 다시 말해서 개인적 행동과 사회적, 공적 행동 사이에 있는 기독교적 의식을 "정신분열"(Schizophrenie)에 빠지지 않도록 하는 것이다. 이런 의미에서 신학적 윤리는 역사신학과 분리될 수 없다.

틸리케에게 현실질문은 세례를 통해 새 에온의 시민이 되는 것이 어떻게 구체적으로, 다시 말해서 우리 삶의 실제적

은 두 가지 면에서 특징지워 진다. 첫째로 그것들은 초인격적이며 어떤 인간에 의해서도 조정될 수 없는 힘으로 표현된다. 다음으로 그것들은 자기 자신 밖에 존재하는 영역들의 규범에 종속되지 않는다. 자율성들에 대한 구체적인 설명은 Theologiche Ethik Ⅱ/2, 423-886을 보시오.

182) 틸리케에 따르면 현실의 자율성 문제와 관련하여 3가지 난제가 형성된다. : 1. 자율적 원리들이 지배하는 역사는 얼마만큼 인간으로부터 분리될 수 있는가? 2. 어느 정도까지 자율성들을 통해 인간의 책임이 인정될 수 있는가? 3. 세 번째 난제는 역사 안에 작용하는 자율성들을 통해서 자연영역과 역사영역 사이의 구분이 모호해지면서 인간의 역사영역 안에 자연법과 유사한 "결정"(Determination)의 형식이 나타나지 않는가의 문제다(Ibid., 165-169). 이러한 난제들은 "역사와 실존"에 나타나는 틸리케의 연대성 개념과 직접 관련된다(앞의 2장 1을 보시오). 이 난제들에 대한 대답은 거기서 발견될 수 있다. 결국 이 세 질문은 틸리케가 자신의 윤리를 조직적으로 전개시켜나가는 도구가 되기 때문에 "역사와 실존"을 고려하지 않고 틸리케의 윤리를 연구하는 것은 무의미하다.

183) Ibid, 53f.

인 형식 속에서 구현되어야 하는가의 질문과 관련된다.[184] 이 질문은 "역사와 실존"에 나타나는 역사의 두 차원 사이의 관계 규정이 윤리적으로 재구성 된 것을 나타낸다.[185] 이와 관련하여 그리스도인의 실존은 항상 이중적 의미를 가진다. 그리스도인은 한편으로는 신앙을 통해 옛 에온 밖으로 불러내어 지면서 새 에온의 지체가 되었으며 다른 한편에서는 삶의 영역들의 자율성들과의 관계 속에서 옛 에온의 지체로 남아있다. 그는 옛 에온과의 관계 속에서 연속성과 불연속성을 동시에 가지고 있다.[186] 기독교적 행동의 사회적 인식불가능성은

---

184) Ibid, 192. 틸리케는 새에온의 "현존"(schon jetzt)을 기독론적 관점에서 설명한다 : "그리스도에게 지금, 여기서 실제적으로 하늘과 땅의 모든 권세가 주어졌다는 사실(마 28:18)은 새 에온 안에 편입된 것이 사회현실 속에서 숨겨져 있으며 인간 내면 속으로만 제한된다는 사고를 차단한다. 오히려 그 사실은 흘러가는 에온 안으로의 현실적인 개입을 함축하고 있으며 그 때문에 기독교적 행동의 구체적인 형식을 통해 표출된다"(Ibid, 199). 옛 에온은 그리스도 사건에 직면하여 이미 무너지기 시작하였으며 그와 함께 에온의 전환은 이미 실현되었다. 새 에온은 마치 그리스도의 두 본성이 섞이지 않을 뿐 아니라 분리되지 않고 나란히 존재하는 것처럼 옛 에온의 한 복판에 도래해 있다(Ibid., 208f, 1586f). 따라서 옛 에온에 대한 그리스도인의 관계는 완전히 변화된다. 그의 실존은 자신의 역사와의 동일성으로부터 그리스도의 "의"(Gerechtigkeit)와의 동일성으로 옮기워 진다. 틸리케는 이와 같은 방법으로 자신의 종말론적 심판이해 안에 존재하는 난제를 해결하려고 시도한다. 그는 이처럼 자신의 종말론을 새로운 관점에서 구성한다. 앞의 "역사와 실존"에서는 산상설교에 나타나는 하나님의 무조건적 명령 안에서 옛 에온의 파멸이 전제되고 그 안에 새 에온이 도래해 있음이 드러남을 통해 종말이 현존한다고 이해되었고 그의 교회론에서는 그 종말이 역사의 선취적 심판 상황 속에 현존한다고 강조되었다.
185) 앞의 p. 25의 (2)를 참고하시오. 틸리케에게 역사의 두차원성과 인간의 이중적 실존방식, 다시 말해서 하나님과의 관계와 세상과의 관계는 동전의 양쪽 면과 같은 것이다.
186) Ibid., 189.

이러한 기독교인의 실존방식에 기초해 있다. 여기서 종말론의 인간론적 관점과 에온적 관점이 겹쳐져서 나타나면서 종말론적으로 이해된 실존과 그 실존의 이 에온 속에서의 구체적인 실현 사이의 관계가 문제시된다.

틸리케는 두 에온의 시민으로서 그리스도인의 상황을 윤리의 주제로서 설정한다. 그럼으로써 그는 인간론적 형식인 "의인인 동시에 죄인"(Simul justus et peccator)을 현실이해에 적용시킨다.[187] 따라서 그 형식은 현재와 미래, 곧 "이미 여기"(schon jetzt)와 "아직 아니"(noch nicht) 사이의 긴장을 반영한다. 그러나 현실적으로 작용하는 두 원리들이 서로 어떻게 연결되는가는 틸리케의 윤리에서 불명료하다. 이것은 틸리케에 따르면 윤리의 신비로 남아있다.[188] 이와 함께 틸리케의 비상질서 개념과 종말론의 결합, 말하자면 보존과 파멸의 결합 안에 존재하는 논리적 모순이 드러난다. 틸리케에게 기독교 윤리의 문제는 바로 이 난제로부터 형성된다.

(2) 에온적 긴장을 통한 역사적 현실의 재구성

틸리케의 윤리 안에는 비상질서로서의 현실과 에온적인

---

[187] 틸리케는 "의인인 동시에 죄인"의 형식 속에서 두 에온에 대한 그리스도인의 이중적 관계 뿐 아니라 두 에온 사이의 관계도 나타난다고 주장한다 : "만일 잘 알려진 루터의 공식인 "의인인 동시에 죄인" 속에서 "실존"(res)과 "희망"(spes), 현재와 미래, 이 에온과 도래하는 에온의 관계가 드러나고 있다면 어떤 이유에서 그 공식 안에 이러한 두 에온에 대한 관계의 모형이 나타나는지 우리는 앞으로 계속해서 다루게 될 것이다."(Ibid., 190.)
[188] 틸리케는 둘 사이의 긴장을 종말론적 신비, 기독론적 신비 그리고 성례전적 신비로 표현한다(Ibid., 207f.).

긴장영역으로서의 현실이라는 원칙적으로 두 종류의 현실묘사가 존재한다.[189] 그러나 앞에서 논의 했던 것처럼 "신학적 윤리"에서는 이 에온의 보존이 아니라 두 에온 사이의 갈등이 중심적인 주제가 된다.

틸리케는 현실이 삶의 영역의 자율성들을 통해서가 아니라 하나님의 보존을 통해 규정된다고 이해한다. 그에 따르면 하나님은 피조된 세상과 그 안에 부여한 원리들을 수용한다. 다시 말해서 하나님은 자신이 유일한 주체라는 의미에서 세상을 향하여 행동할 뿐 아니라 또한 세상으로 하여금 스스로 행동하도록 한다.[190] 현실은 말하자면 본래적인 "창조계명"(Schöpfungsgebot)[191]이 세상의 타락 때문에 수정된 것을 드러내는 노아계약의 비상질서로서 표현된다.[192] 양적인 의미에서 현실은 자율적인 삶의 영역들에 의해서 구성되지만 질적인 의미에서는 단지 인간의 타락을 통해서가 아니라 하나님의 보존의지를 통해서 규정되는 중간기를 나타낸다.

---

189) Bakkevig 은 틸리케의 역사신학에서 종말론의 의미를 간과함으로서 틸리케의 현실이해 안에 있는 이 두 유형 사이에서 뚜렷한 경계를 발견하지 못했다 : "도래하는 에온의 차별성에 대한 인식은 우리가 이 세상의 보존을 하나님께서 우리 마음의 완악함 때문에 선물로 준 하나님의 자비와 인내의 빛에서 이해할 수 있게 한다." T. Bakkevig, Ordnungstheologie und Atomwaffen. Eine Studie zur Sozialethik von Paul Althaus, Walter Künneth und Helmut Thielicke, Paderborn, 1989, 126.
190) Ibid, 1300.
191) 창조계명은 틸리케에게 산상설교의 무조건적 명령 안에서 표현된다. 왜냐하면 그 명령은 마치 인간이 아직 타락 이전의 원상태에 살고 있는 것처럼 요구하기 때문이다.
192) 창세기 1장에서는 인간이 단순히 창조질서에 속해 있지만 노아계약의 범위 안에서는 타락한 에온의 싸움과 공포의 원리들 아래 종속되어 있다. 인간은 세상질서 - 두려움과 공포(창 9:2), 죄와 보복(창 9:6) - 와 결합되어 있다.

틸리케는 현실을 그것의 기원, 곧 창조로부터가 아니라 구원사적인 연관 속에서 그것의 목표로부터 성찰한다. 현실의 자율적 과정은 결코 자기목적을 가지는 것이 아니라 구원사의 도구가 된다. 이 과정은 창조의 혼란을 나타내는 가장 명료한 "예표"(paradigma)이며 하나님의 은총과 인내의 표현이다. 하나님이 세상을 수용하는 것은 세상이 독립적으로 가지고 있는 자질과 관련된 것이 아니라 하나님이 세상의 타락을 고려하여 세상 안에서 그것의 규범성을 통해 활동하기를 원하셨다는 사실에 기초한다. 세상의 자율적 과정은 오직 하나님의 의지의 "시행규정"(Ausführungsbestimmung)에 속해있는 봉사의 기능만을 수행한다.[193] 그렇다면 하나님의 세상 보본은 그가 세상을 자율성에 내어맡긴다는 것을 의미하지 않는다. 하나님은 활동하면서 보존한다. 이와 관련하여 인간의 자기 자신에 대한 관계로서 자율적 현실에 대한 관계는 오직 그의 하나님 관계를 통해서만 열려지며 반대의 길은 불가능하다.[194] 이런 방식으로 틸리케 윤리의 주제 영역인 현실은 세상 안에서 하나님의 활동성 안에 포함된다. 따라서 이 현실은 하나님이 타락한 세상의 구성요소를 그 목적을 위해 사용한다는 "표적"(Zeichen)이다. 필자가 볼 때 여기서 틸리케는 하나님의 율법과 자율적 현실 사이의 괴리를 통해 형성되는 "난제"(Aporie)를 해결하려고 시도한다.

틸리케의 비상질서 이론에는 하나님의 의지가 세상 안으로 흘러들어옴으로서 그 의지와 역사의 규범성들 사이에 뚜

---

193) Ibid, 1301f.
194) 틸리케에게 자율적 현실은 인간의 타락한 실존의 구조적 형식이다. 앞의 p. 25의 (2)를 보시오.

렷한 구별이 존재하지 않는다. 둘은 특별한 조화 속에 있는 것처럼 나타난다. 틸리케는 이 역사모델 위에 과거에 교회론에서 심판개념을 통해 수용했던 종말론적인 긴장을 정초시킨다. 그러나 이제 그는 그의 종말론을 다른 관점에서 규정한다. 도래하는 에온은 그리스도 사건을 통해서 이미 역사 안에 현존한다.[195] 이제 역사는 두 에온 사이의 긴장 영역으로서 이 긴장의 해소, 곧 이 에온의 폐지를 향하여 전개된다.

이상에서 살펴본 바와 같이 틸리케에게 역사는 역사신학의 대상일 뿐 아니라 윤리의 대상이다. 그는 자신의 역사신학에서 수평적 역사를 계시 사건을 의미하는 수직적 역사를 통해 성찰하였다. 한편 윤리에서 그는 역사 신학의 상관개념이요 보완으로서 수평적 역사에 대하여 관심을 집중시킨다. 그의 역사신학과 윤리에 있어서 관건이 되는 것은 역사연구의 대상이 되는 과거가 아니라 인간이 결단을 성취해야 하는 현실성으로서의 현재다. 따라서 틸리케의 사고에 있어서 현실은 다름 아닌 카이로스의 특성을 가진다.

2. 틸리케의 "신학적 윤리"의 토대로서 기독교적 실존형성

(1) 역사의 자율적 삶의 영역 안에서 의인 사건의 의미

역사적 현실[196]은 타락 이후의 시간에 속해 있기 때문에

---

195) 새 에온은 이후에 "기독교 신앙"에서는 성령의 현재화를 통해 역사 안에 현존한다. p. 189의 4를 참고하시오.

하나님의 계명의 실제적인 성취를 자기 스스로 이끌어낼 수 없다. 그 때문에 틸리케의 윤리는 당위로부터 시작하지 않는다. 칸트의 윤리[197]에 나타나는 것처럼 윤리적 가능성은 당위를 전제로 하지 않는다. 윤리적 당위성은 오히려 존재를 통해 의문시 된다: "나는 해야 한다. 그러나 나는 할 수 없다."[198] 그러므로 기독교 윤리의 근본적인 문제는 존재와 당위 사이의 괴리에 존재한다.

틸리케에 따르면 기독교적 행동은 "행위층"(Tatschicht)이 아니라 행동의 내적 구조를 형성하는 "동기층"(Motivschicht)에 기초한다. 행위층에서 볼 때는 위선과 하나님 계명에 대한 완전한 순종 사이에 구별이 존재하지 않는다. 하나의 행위는 그것의 "동기"[199]가 먼저 인식되어야 한다. 선한 나무가 선한 열매를 맺는 것처럼 동기부여에서 볼 때만 모든 행위는 원칙적으로 명료하게 평가될 수 있다. 여기서 기독

---

196) 틸리케에게 현실은 인간이 윤리적으로 행동하는 자율적인 삶의 영역을 의미한다.
197) "나는 해야 한다. 그러므로 나는 할 수 있다." Thielicke, Thelolgische Ethik Ⅰ, 830.).
198) Ibid. 산상설교의 요구는 이 사실에 대한 가장 적절한 예라고 볼 수 있다. 그 안에 나타나는 이웃사랑은 삶의 영역들 안에 내재하는 자율성에 대립하기 때문에 현실 속에서 성취될 수 없다. 틸리케에 따르면 십계명, 산상설교 등과 같은 하나님의 계명은 본질적으로 윤리적 행동 다시 말해서 각각의 계명에 대한 순종이 아니라 인간의 타락을 강조하면서 하나님에 대한 순종을 요구한다. 따라서 "율법"(lex)이 아니라 "율법의 수여자"(auctor legis)인 공의의 하나님이 중요한 것이다. 이와 관련하여 p. 21의 (1) 과 p. 65의 (3) 을 보시오.
199) 여기서 동기는 자기 자신으로부터 형성되는 어떤 것을 의미하지 않는다. 기독교적 행동의 동기는 오히려 하나님으로부터 출발한다. Theologische Ethik Ⅰ, 78.

교적 행동의 동기는 칸트의 윤리에서 구상된 윤리적 성향을 의미하지 않는다. 왜냐하면 그 성향은 행위의 동기로 이해되는 대신에 먼저 목표요 과제로서 주어졌기 때문이다. 이와는 대조적으로 기독교적 행동은 일어난 "의인"(Rechtfertigung)의 사실을 전제한다. 그것은 단지 의인사건에 대한 추가적인 검증으로 나타난다.[200] 따라서 틸리케는 윤리적 성향이 아닌 새로운 실존으로부터 출발한다. 왜냐하면 오직 이 새로운 실존을 통해서만 기독교적 행동의 내면과 외면이 서로 일치되는 것이 드러나기 때문이다. 이와 같이 신학적 윤리의 상황은 율법의 성취에서 의인으로 옮겨진다. 그러나 그럼으로써 기독교적 행동의 윤리적 문제는 해결된 것이 아니라 새롭게 설정된다. 말하자면 이제는 의인과 그것에 뒤따르는 행위 사이의 관계를 규정하는 것이 중요한 문제로 부각된다.

틸리케에 따르면 의인된 사람의 행동은 이중적 동기에 기초한다. 그것은 먼저 이미 주어진 의인사건에 대한 후속적인 검증이다 - "선한 열매의 동기"(das Motiv der guten Sollens).[201] 행위의 두가지 동기는 비록 부조화 속에 나타날지라도 서로 연결되어 있다. 그것들은 의인과 행위가 동일하게 주어져 있는 것의 양면임을 암시한다.[202] 틸리케에 따르면 선한 행위는 인간의 변화에 기초하는 것이 아니라 우리를 위해 율법의 수여자로부터 벗어나 복음의 수여자가 된 하나님 안

---

200) Ibid, 238.
201) Ibid, 246f.
202) 예를 들어 산상설교의 이웃사랑의 요구는 의인의 은총과 함께 추가적인 명령법(Imperativ)이 필요하다는 사실을 보여준다(Ibid, 304f.). 여기서 하나님에 대한 사랑은 하나님의 사랑에 대한 자발적인 반응을 의미하지 않는다.

에 일어나는 놀라운 변화에 기초한다.[203] 따라서 인간의 활동은 그에게 일어나는 하나님의 활동을 통해서 형성된다. 다시 말해서 인간의 행위는 하나님의 행위에 기초해 있다. 이것은 하나님의 선재성과 인간의 반응을 나타내는 것이 아니라 하나님과 인간의 깨어질 수 없는 관계를 암시한다. 인간의 행위는 하나님 앞에서 타당한 행위이다.

(2) 윤리적 관점에서 본 서술법과 명령법의 에온적 긴장

틸리케는 이제 두 에온 사이의 종말론적 긴장을 그리스도인의 행동과 연관시켜서 서술한다. 그는 새 에온의 "이미 지금"(schon jetzt)과 "아직 아니"(noch nicht)를 동시에 강조하는 것과 동일한 방식으로 의인으로부터의 선한 행위를 서술법적(indikativisch)인 동시에 명령법적(imperativisch)으로 설정된 것으로 간주한다. 틸리케에 따르면 서술법과 명령법의 결합은 성서적이며 종교개혁적인 인간 이해에 상응한다. 서술법과 명령법은 그들 각각의 특징들 속에서 인간으로 하여금 의롭다 하시는 하나님을 향하게 한다. 서술법은 인간의 새로운 실존이 하나님의 용서의 행위에 기초해 있다는 것을 입증하면서 그러한 기능을 수행한다. 명령법은 한편으로는 인간에게 의인의 올바른 "샘"(Quelle)으로부터 마실 것을 요구하면서, 그리고 다른 한편으로는 입을 닫은 채로 있지 않을 것을 명령하면서 이중적인 방법으로 그 기능을 수행한다.[204] 이것은

---

203) Ibid, 289. 여기에서 틸리케는 율법과 복음을 긴장관계 속에서 이해하는 것처럼 보인다. 이와 관련하여 p. 111의 (1) 을 보시오.
204) Ibid, 434.

인간이 자신을 넘어서 하나님의 "너"(Du)와 관계를 맺은 인격이라는 사실과 관련된다. 인간의 인격은 인간의 존재적 특성이 아니라 관계 개념이다.[205] 인간이 이 관계를 주어진 것일 뿐만 아니라 실현해야 하는 것으로 이해할 때 서술법과 명령법은 서로 연결된다.

틸리케에 따르면 인간의 인격존재는 부모됨의 권위가 하나님의 말씀에서 유래하며 하나님의 "부성"(Väterlichkeit)을 반영하는 것과 마찬가지로 인간이 하나님의 말씀에 의해서 대화적 존재가 된다는 사실에 기인한다.[206] 따라서 인간의 인격은 하나님이 말씀하시는 대상이 되도록 부여된 "낯선 존엄성"(fremde Würde)이다. 하나님이 성례전을 자연적 요소인 물과 빵 그리고 포도주라는 형식과 결합시킨 것처럼 인간 인격의 존엄성을 자연적인 전제들과 결합시켰지만 그 존엄성의 본래적인 구성요소는 말씀의 권위에 있으며 자연적인 부분에는 어떠한 구성적이며 기초적인 의미도 허용되지 않는다.[207] 이와 같이 인간의 인격은 무엇보다 낯선 말씀으로부터 말을 건네짐을 통해서 규정되며 또한 그 때문에 스스로를 그 말씀의 수용자가 되도록 해야 한다. 이것은 서술법과 명령법의 공존을 나타낸다. 이와 관련해서 말씀은 인간의 인격과 결합되지 않고 외부에 존재하는 이질적인 요소를 의미하지 않는다.[208]

---

205) 틸리케의 인격개념에 관해서는 이후의 p. 182의 3을 보시오.
206) Thielicke, Theologische Ethik Ⅰ, 433f.
207) Ibid, 445. 그 때문에 틸리케에게는 자연과 은총 사이에 어떠한 유사성도 존재하지 않는다.
208) 틸리케는 이것을 기독론적으로 설명한다 : "예수 그리스도의 낯선 의는 동시에 우리의 의요 권위다. 하나님은 홀로 있는 존재가 아니라 그리스도 안에서 자신을 열어보였기 때문에 그리스도의 의는 우리 밖에 있을 뿐 아니라 또한 우리 안에 있다." Ibid, 457.

틸리케에 따르면 인간의 인격이 하나님의 낯선 인격을 통해 규정된다는 사실은 하나님이 자신을 오직 인간과의 관계 속에서 정의 될 수 있도록 하셨다는 것에 근거한다.[209] 따라서 하나님의 인격존재는 오직 인간과의 관계 속에서만 규정되고 인식될 수 있다. 이러한 사고는 하나님 자신이 인간에게 성취하는 자신의 사역과 동일한 존재가 되려고 의도했다는 사실과 관련된다. 말하자면 하나님의 인격은 "내적인 자질"(Eigenschaft)이 아니라 "외적인 자질"(Aussenschaft)로 표현된다.[210] 이러한 하나님의 인격존재 안에 역사를 향한 하나님의 활동과 구원사의 수평적 확장의 의미가 놓여있다.[211] 따라서 말씀의 "외부성"(alienum)은 단지 배타적인 의미만이 아니라 "포괄적인"(inklusive) 의미를 가진다.[212] 이러한 외부성은 인간의 인격이 말씀을 통해서 하나님과의 관계 안에 정초되고 이 관계의 성취 속에 존재하는 한 또한 인간의 인격 안에 있는 자질이 된다. 이 관계는 그것의 긍정적, 부정적 형식 속에서 온전하게 남아있다. 왜냐하면 인간은 하나님과의 부정적 관계 속에서도 그 관계의 주체로서 존재하기 때문이다.[213]

하나님의 인간에 대한 관계는 인간의 하나님에 대한 관계 가능성의 근거가 된다. 따라서 인간의 인격 존재는 하나님

---

209) Ibid, 458.
210) Ibid, 460f.
211) 비상질서 개념과 하나님의 수정된 의지 개념은 인격으로서 하나님이 어떻게 인간을 위해 세상에 존재하는가를 보여준다.
212) 서술법과 명령법은 이 사실에 대한 특징적인 예라고 볼 수 있다.
213) 인간의 하나님에 대한 관계는 하나님의 인간에 대한 관계, 곧 무조건적 명령이 "소명"(Berugung)과 "완악함"(Verstockung)을 통해서 표현되는 것에 상응하여 하나님을 "향한"(für) 관계와 하나님을 "대적하는"(gegen) 관계의 이중적 형식을 가진다.

의 관계 설정과 관계의 요구 안에서 형성된다.[214] 이 관계를 성취하는 것은 인간 편에서는 하나의 과제로서 완성되는 것이다. 인간의 인격은 기원으로부터(서술법) 뿐 아니라 목표를 향하여(명령법) 규정된다.

3. 역사적 현실 안에서 하나님의 명령의 의미

(1) 자율적 삶의 영역 안에서 율법과 복음의 분리될 수 없는 상호작용 : 바르트의 일원론적 복음이해에 대한 틸리케의 비판

틸리케에 따르면 율법은 의롭다고 인정된 사람, 다시 말해서 복음 아래 서 있는 그리스도인에게 여전히 중요한 의미를 가진다.[215] 여기서 율법과 복음의 긴장이 그 중심에 서 있다. 율법과 복음은 두 의미영역이 서로 혼합되어 일원론적으로 오해되지 않기 위해서 서로 분리되어 다루어져야 한다.[216] 만일 율법이 복음에 편입되면 율법의 성취는 하나님과 인간의 교제를 다시 획득하는 것과 마찬가지가 된다.[217] 그렇다면 인간은 이미 율법의 성취를 보장받게 된다. 여기서 복음은 율법의 성취가 가능하도록 힘을 불어넣어 주는 하나님의 도움

---

214) 이것은 하나님이 무조건적 명령을 통해서 인간과의 관계를 설정하는 것 안에서 볼 수 있다.
215) 이러한 견해는 기도교적 삶 속에서 서술법과 명령법의 공존이 에온적인 긴장을 투영하는 것과 관련된다.
216) Ibid, 556f.
217) Ibid, 557.

으로써 아니면 인간이 계명을 성취하는데 있어서 완성하지 못한 나머지를 용서하는 어떤 절차로서의 기능을 수행한다. 더 나아가서 만일 복음이 율법과 동일시되면 그것은 인간이 특정한 성화의 행위를 통해서 복음의 권고를 자기 자신에게 귀속시킬 수 있다는 의미에서 그리스도를 닮아가도록 요구한다.[218] 그렇다면 복음은 인간이 이 복음의 법을 성취할 때만 복된 소식으로 나타난다. 이것에 상응하여 자유롭고 무조건적인 하나님의 은혜는 그 의미를 상실한다.

틸리케는 복음과 율법이 동일한 사실의 두 측면으로 이해됨으로써 긴장이 제거되는 바르트의 신학에서 율법과 복음에 대한 일원론적 구상을 발견한다.[219] 바르트의 출발점은 은혜로서 하나님의 말씀이다. 율법은 은혜를 포함하며 그런 의미에서 복음의 한 부분이다. 하나님이 인간과 대화한다는 사실은 심판의 의미를 가지는 것이 아니라 모든 경우에 있어서 그 전체로서 이미 은혜다.[220] 은혜는 처음부터 존재하기 때문에 율법과 복음사이의 시간적 전후 관계는 실제적으로, 이론적으로 약화된다. 따라서 율법과 복음은 무시간적인 일원론적 원리가 된다. 그러나 틸리케에 따르면 바르트의 은혜의 일원

---

218) Ibid, 558.
219) Ibid, 567. 이와 관련해서 틸리케는 바르트를 인용한다 : "우리는 보편적이며 개괄적으로 말할 수 있다 : 율법은 은혜를 그 내용으로 가지고 있는 복음의 필연적인 형식이다." Karl Barth, Evangelium und Gesetz. TEH 32, München, 1935, 11.
220) Thielicke, op. cit., 568. 이것과 관련해서 틸리케는 바르트를 인용한다 : "하나님의 말씀은 본래 그리고 최종적으로 은혜다 : 자유롭고 절대적인 은혜, 하나님의 은혜는 율법을 의미하고 심판을 의미할 수도 있으며 또한 죽음과 지옥을 의미할 수도 있다. 그러나 은혜만이 존재하며 그 밖에는 아무 것도 없다." Barth, op.cit, 4.

론은 성서본문에 적용할 수 없다. 왜냐하면 예를 들어 아담을 향한 하나님의 질문, "네가 어디 있느냐?"는 은혜로서가 아니라 두려운 심판으로 이해해야 하기 때문이다.[221] 기적으로서 은혜에 대한 진술은 은혜 없이는 어떤 것이 은혜로 만들어지는 지를 파악할 수 없는 것처럼 하나님의 심판에 대한 진술 없이는 불가능하다.

틸리케는 바르트의 일원론적 경향이 율법과 복음 사이의 구원사적인 진보를 폐지시킨다고 주장한다. 여기서 둘 사이엔 시간적 연속성이 존재하지 않기 때문에 율법과 복음은 역사성을 지니지 못하게 된다. 복음은 실제적이며 역사적인 사건으로서 나타나는 대신에 처음에 율법과 함께 주어진 약속을 명료화하는 것이 된다. 역사 안에서 하나님의 심판과 구원의 행동은 복음의 낙관주의를 통해서 불투명해진다. 여기서 그리스도 사건은 역사 안에서 그리스도의 현존이 아니라 단지 이전에 이미 존재하는 그의 활동의 현현 방식이 된다.[222] 그리스도 사건은 구약성서의 약속에 의미를 부여하는 중심적 내용이 되며 그 결과로서 성육신은 구원사의 모든 과정 속에서 그리스도의 "가현적"(doketism)인 현존을 증명하는 상징으로 이해된다. 틸리케는 이점을 비판하면서 결국 바르트에게는 예수 그리스도를 목표로 하는 역사의 과정은 이차적인 의미만을 가진다고 본다.[223] 이와 관련해서 구원사와 수평적 역사 사이의 연속성은 사라지고 계시의 역사성은 그 의미를 상실한다. 실제로 어떤 일이 일어나는 것이 아니라 단지 그것의

---

221) Thielicke, op.cit. 569.
222) Ibid, 584.
223) Ibid, 585f.

명료화만이 존재한다. 이러한 바르트 사고의 비역사성은 역사에 대한 무관계성을 야기시키는 하나님의 절대적 초월성에 근거한다.[224] 따라서 바르트에게 율법과 복음은 하나님의 초월적 통일성으로부터만 성찰될 수 있다. 말하자면 그에게는 오직 하나만의 하나님의 계약이 존재하기 때문에 율법과 복음은 조화로운 보완관계 속에서 옛 계약과 새 계약으로서 존재한다.[225] 이러한 의미에서 틸리케는 바르트의 신학의 발전과정의 모든 영역에서 일원론적이며 무시간적인 경향이 항상 나타난다고 주장한다.

틸리케에 의하면 율법과 복음은 해소될 수 없는 긴장 속에 있다. 복음은 하나님이 자기 자신을 극복하는 기적이며 하나님의 사랑이 인간에게 엄습하는 하나님의 거룩함의 위협을 제거시키는 기적이다.[226] 복음은 인간에게서 율법의 심판을 제거시킨다. 그것은 예수 그리스도의 "화육"(Inkarnation)에서 결정적으로 표현되는 역사적이고 실제적인 사건이다.[227] 그리스도를 제외시킨 하나님 자신이 존재할 수 없는 것처럼 복음이 없는 율법을 존재할 수 없다. 이러한 틸리케의 복음 이해는 바르트처럼 율법의 옛 계약이 아니라 계시의 역사성, 곧 구원사가 수평적 역사 안으로 들어오는 것과 관련된다. 복음의 특징은 하나님이 스스로를 지금 역사 안에서 인간을 향한 자신의 활동과 일치시키고자 하셨다는데 있다. 따라서 예수 그리스도의 화육은 이차적(바르트)이 아니라 가장 근원적인

---

224) Ibid, 595.
225) Ibid, 615f.
226) Ibid, 597.
227) 틸리케에게 예수 그리스도의 화육은 역사의 전환, 곧 에온의 전환을 의미한다.

의미를 가진다. 예수 그리스도는 홀로 존재하는 것이 아니다. 역사 안에 존재한다. 여기서 수평적 역사는 그리스도의 현재성을 통해 규정되는 구원질서로서 나타나며 역사 안에는 옛 에온과 새 에온 사이에 있는 노아계약의 비상질서와 새 에온 아래 서 있는 구원질서의 두 질서가 존재한다. 그러나 틸리케는 두 질서가 서로 어떻게 관련되는 지를 어느 곳에서도 설명하지 않는다. 필자의 견해로 둘 사이의 관계는 둘 다 하나님의 "은총행위"(Gnadentat)에 기초해 있지만 비상질서는 역사의 보존을 구원질서는 역사의 전환, 곧 종말론적 긴장을 의미하기 때문에 원칙적으로 밝혀질 수 없다. 이 사실은 틸리케가 바르트의 비역사적인 "복음일원론"(Evangeliumsmonismus)과 함께 그리스도의 무시간적인 현존을 비판하면서 율법과 복음을 극단적인 질적 대립 속에서 이해하는데 근거한다고 볼 수 있다. 율법은 계속 흘러가는 옛 에온을 대표하며 복음은 이미 도래했지만 또한 다가오는 에온을 대표한다. 틸리케는 둘을 변증법적으로가 아니라 대립적 긴장 속에서 이해한다.

 율법과 복음의 긴장은 성취된 심판과 함께 숨겨진 사랑을 함축하고 있는 시험당하는 그리스도의 질문(눅 23:46) 안에 나타난다.[228] 율법과 복음은 공평하게 율법의 심판적 특징과 복음의 기적으로서의 특징을 제거시키는 방식으로 이해되어서는 안 된다. 둘은 오히려 역사와의 죄 된 연대성으로부터 그리스도와의 연대성을 향한 인간과 그의 역사의 완전한 변화를 암시한다. 율법과 복음의 통일성은 오직 율법의 수여자

---

228) Ibid, 607.

와 복음의 수여자의 통일성 안에 존재한다. 그것은 사고와 통찰의 대상이 아닌 신앙의 대상이다.

이와 관련해서 하나님의 율법은 두 에온 사이의 극심한 긴장의 현실 속에서 지속적인 의미를 갖는다. 율법은 믿는 자를 시험가운데 세우면서 자신의 죄 된 존재와 끊임없이 싸우게 함으로써 타락의 절망 속으로 인도한다. 틸리케에 따르면 율법은 하나님과 인간의 파괴된 교제를 볼 수 있게 하는 "상처에 붙인 거즈"(Gaze in der Wunde)의 기능을 수행 한다 : "이 상처는 우리가 계속 의사에게 보일 수 있기 위해서, 다시 말하면 죄 가운데서도 하나님과의 역사를 놀랍고도 결정적으로 성취하기 위해서 치유되지 않은 채로 있어야 한다."[229] 따라서 율법과 복음은 어떤 무시간적 존재 상태를 표현하기 보다는 심판에서 은혜를 향한, 시험에서 위로를 향한 지속적인 "도피 운동"(Fluchtbewegung)을 나타낸다. 그 도피운동은 "나를 위한 하나님"(Deus pro me)으로서 역사 안에서 하나님의 활동성과 하나님 앞에서의 실존으로서 인간의 역사성을 의미하는 "실제에 있어서는 죄인이며 희망 안에서는 의인"(peccator in re, justus in spe)을 묘사한다. 그 때문에 율법과 복음 사이의 긴장은 오직 그러한 도피운동 안에서만 볼 수 있으며 해소될 수 있다. 그러나 여기서 틸리케는 "세상 앞에서"(Coram mundo)의 실존으로서 인간의 역사성에 대해서는 거의 언급하지 않는다. 그는 자신의 율법과 복음에 대한 이해와 함께 여전히 수직적 차원에 고립되어 있는 것처럼 보인다. 그는 아직은 율법과 복음의 기능을 역사적 삶의 영역으로 나타내는 수평적 역사 속에서 표현하지 않고 있다.

---

229) Ibid, 623.

(2) 율법의 교육적 성격

율법의 교육적 기능은 기독교적 실존의 종결된 채로 있지 않고 "되어감"(Werden) 안에 있다는 것과 관련된다.[230] 여기서 되어감이란 하나님을 향해 접근해 감을 의미하지 않는다. 틸리케에 따르면 기독교적 실존은 질적인 면과 양적인 면을 동시에 가진다.

질적인 면은 의롭다고 인정된 자가 그리스도의 의에 참여한다는 것 안에 있다.[231] 기독교적 실존은 질적인 관점에서 볼 때 처음부터 완전한 하나님과의 교제로서 나타난다. 인간은 이 교제의 내부, 아니면 외부에 존재한다. 인간은 이 교제를 향한 가깝고 먼 단계를 형성할 수 없다. 그는 이미 이 교제를 붙잡았다. 그런 의미에서 그는 율법을 필요로 하지 않는다.

그러나 양적인 의미에서 인간은 자신의 삶의 영역을 소유한 자로서 자신에게 일어난 하나님과의 교제의 사건을 역사적 결단 속에서 표현해야 한다. 율법의 지속적인 교육적 기능은 이러한 "의인신분"(Rechtfertigungsstand)의 양적인 면과 연결된다.

틸리케에 따르면 양적인 면은 두 가지 주시방향으로부터 구성된다. 하나는 신앙의 대상을 바라보는 것이고 다른 하나는 신앙의 주체를 바라보는 것이다.[232] 신앙의 대상을 바라

---

230) 이러한 사고는 이미 앞의 p. 44의 (1)에서 역사의 진보에 대한 틸리케의 이해를 통해 하나의 논지로서 소개되었다.
231) Ibid, 629f.
232) Ibid, 631f.

볼 때 인간은 "율법의 고발의 기능"(usus elenchticus legis) 아래 놓여 지면서 신앙의 위기와 불확실성으로 인도된다.[233] 틸리케는 두 가지 주시 방향을 인간이 자신의 시각을 신앙의 대상으로부터 거꾸로 적용하여 자신을 영원한 관계 속에 있는 의롭다 하시는 하나님 아래서 성찰하는 기독교 실존의 통합적 관점 안에서 이해한다. 인간은 스스로를 하나님 앞에서 의롭다고 인정된 자로 인식할 수 있기 위해서 먼저 자신이 아니라 하나님을 바라보아야 한다. 인간은 실제로는 그에게 부여된 의에 대해서 부적합하지만 동시에 그에게는 이러한 부적합성으로부터 희망과 과제가 생겨나기 때문에 그러한 통합적 관점은 인간을 더 이상 절망으로 인도하지 않는다. 그것은 잘못된 주시방향에서 유래하는 시험으로부터 인간을 분리시켜 내며 그를 부르는 자를 향하게 한다.

의인의 양적인 관점은 인간을 그가 성장해 나갈 수 있는 출발점이 되는 하나님의 관계 설정아래 세우면서 기독교적 실존에 있어서 영적인 성숙의 과정과 관련된다.[234] 따라서 성숙과 발전의 시작은 바로 하나님이 인간을 교제 안으로 부르신 곳에 존재한다. 말하자면 기독교 실존은 하나님이 이미 그에게 성취한 것을 후속적으로 성취해 나간다. 틸리케는 이러한 사실을 그리스도의 죽음과 부활의 관점에서 설명한다 : "…, 나는 이미 내가 그리스도 안에서 체험한 죽음을 이제 또한 내 편에서 나 자신에게 실현하는 것이며, 다시 말해서 그것은 나의 죽음 속에서 사는 것이며 그 죽음과 모순되는 것을 떨쳐버리려고 애쓰는 것이다. 이러한 후속적인 성취는 회개의

---

233) 이와 관해서 틸리케의 양심이해를 참고하시오(p. 125의 (1)).
234) Thielicke, op.cit., 634.

개념으로 표현될 수 있다. 이러한 발전과 성숙의 과정은 긍정적인 면에서는 내가 이끌려 들어간 예수 그리스도의 부활을 이제 나와 새로운 삶 속에서 나의 순종과 긍정을 통해 나 자신에게 일어나도록 하는 것에 있다. 이 "일어나도록 함"(Geschehen-lassen)은 "성화"(Heiligung)의 개념으로 표현된다.[235]

회개와 성화는 인간구조의 변화를 나타낸다.[236] 여기서 그것들은 신앙의 주체의 본래적인 움직임을 나타내는 것이 아니라 "하나님 안의 변화"에 기인한다.[237] 새로운 실존은 결단의 주체로서 이러한 하나님 안의 변화를 자기 자신에게 일어나도록 해야 한다. 신앙의 주체 안에서 일어나는 움직임은 단지 하나님의 "선행적인"(vorangehend) 은총의 결과다. 따라서 기독교적 실존의 되어감은 인간이 하나님으로부터 불려짐을 통해서만 성취된다.[238] 그것은 주입된 은혜의 상태가 완성을 향하여 성장해가는 진화론적 과정이 아니라 회개로 되돌아오는 것이다.[239]

기독교적 실존의 완전한 성취가 불가능하기 때문에 의롭다고 인정된 자들을 위한 율법의 지속적인 기능은 유효하며 필요하다. 인간은 오직 하나님의 관계의 설정으로부터 볼

---

235) Ibid.
236) 틸리케에게 인간 안의 변화는 그가 하나님의 의인 행위의 대상에서 후속 성취의 주체가 된다는 것을 의미한다.
237) 이것은 "역사와 실존"에서 하나님의 의지가 심판에서 은혜로 넘어감을 통해서 암시되었다. p. 44의 (1)을 보시오.
238) 인간을 향한 하나님의 부르심은 하나님의 심판도 포함한다. 이것은 틸리케의 무조건적 명령 개념에서 유래한다(앞의 p. 27의 (3) 과 p. 30의 (4)를 참고하시오.). 이와 관련하여 참회와 성화는 동시적인 사건이다.
239) 틸리케에게 회개는 "죄를 인식하는 것"(Sich-schuldig-wissen)이며 심판에서 은혜로의 도피를 항상 새롭게 시작하는 것이다.

때는 실제로 구원 받았지만 그러한 하나님의 관계설정 행위로부터 자신의 행동을 돌이켜 볼 때는 여전히 그 안에 구원받지 못한 영역이 남아있다.[240] 율법의 지속적인 의미는 그리스도인이 자신의 실존과 삶의 영역을 자신의 구원받은 존재와 아직 완전히 연결시키지 못했음을 시사한다. 회화적으로 표현하면 그리스도인은 의로운 심장을 소유하고는 있지만 그의 심장은 피를 아직 몸의 구석구석, 다시 말해서 개별적인 삶의 영역들에까지 순환시키지 못하고 있다.[241] 그 결과로 기독교적 실존은 자신의 삶의 영역 안에 있는 자율성들과 갈등을 겪는다.[242] 이런 의미에서 율법은 그리스도인의 삶의 다양한 영역 속에서 일어나는 항상 위협적인 혈액순환 정체에 대한 해독제의 역할을 한다.

이와 관련해서 틸리케는 율법을 양떼의 지체들에게 목자가 인도한 길을 상기시켜주는 양치기 개로 묘사한다.[243] 그것의 기능은 직접 양떼를 인도하는 것이 아니라 방목하는 동안 양떼를 낙오되거나 분산되지 않도록 보호하는 것이다.[244] 여기서 율법은 더 이상 규범적인 의미가 아니라 교육적 의미를 가진다. 이제 율법은 새로운 실존 안에서 인간에게 사랑과 자발적 성취의 대상이 된 것에 대한 표현이다. 이와 같이 율법에 대한 관계가 새롭게 설정된다. 그러나 율법의 권위는 여전히 동일하게 남아있다. 그것은 새로운 실존이 그리스도의 법아래

---

240) Thielicke, op.cit., 643.
241) Helmut Thielicke, Einführung in die christliche Ethik, München, 1963, 10.
242) 예를 들어 산상설교의 이웃사랑의 계명은 경제적 삶에 있어서 경쟁원리와 배치된다.
243) Thielicke, op.cit., 644.
244) Ibid, 645.

자유롭게 종속되어 있다는 의미에서 지속적인 권위를 갖는다.[245] 따라서 틸리케에 따르면 율법은 두 가지 타당한 형식을 가진다:

"한편에서는 그것으로부터 이미 우리가 해방된 심판하며 고발하는 율법이 있고 다른 한편에서는 예수 그리스도가 이미 성취하였으며 성령의 인도를 통해 우리가 성취하는 율법이 있다."[246]

여기서 그리스도의 법아래 있는 새로운 실존이 마치 태양 아래 놓여 진 돌이 자동적으로 따뜻해지듯이 율법의 요구를 더 이상 필요로 하지 않는 것처럼 하나님의 의지 아래 있는 전체 질서를 자기 안에 완결하는 것이 아닌가 하는 질문이 제기된다. 틸리케는 십계명의 두 번째 석판을 단지 첫 번째 것에 부가되는 요구들로 이해하지 않고 오히려 첫째 것에 대한 실행규정들을 나타낸다고 주장하면서 이 질문에 대답한다.[247] 십계명의 인간과 세상에 대한 명령들은 하나님과 인간의 관계를 규정하는 첫째 계명이 삶의 관계들의 다원성 속에서 어떻게 현실화되어야 하는가를 보여준다. 이와 같은 방법으로 틸리케가 "교회와 사회"에서 하나님의 타락한 인간에 대한 고려로만 제한하여 이해했던 십계명의 기능이 확장된다. 거기서 그는 십계명을 그것의 부정적인 성격으로부터 해석하여 하나님을 대적하는 인간 실존에 대한 하나님의 고백으로 보았다. 그러나 이제 "신학적 윤리"에서 십계명은 삶의 상황에 대한 구체적이며 긍정적인 관계 속에서 표현된다.

---

245) Ibid, 656.
246) Ibid, 659.
247) Ibid, 661.

율법은 단지 고발의 기능 뿐 아니라 인간에게 끊임없이 하나님의 뜻을 일깨워주는 사랑의 기능을 나타내면서 자율적 삶의 영역을 위한 특별한 의미를 가진다. 하나님은 자신의 명령을 통해 인간을 더 이상 심판하지 않으며 오히려 그를 자신에게로 인도한다. 그러나 여기서 틸리케에게 하나님의 의지와 역사적 삶의 다원성 사이의 관계규정의 문제가 처음으로 형성되기 시작한다. 따라서 인간이 얼마만큼 하나님의 계명을 예측불가능하게 끊임없이 변화하는 삶의 상황을 통제하는 보편적 원리로서 준수해야 하며 또 할 수 있는가는 여전히 질문으로서 남아있다.[248]

(3) 율법의 정치적 기능 아래 있는 역사적 삶의 영역

틸리케는 의롭다고 인정된 인간을 위한 율법의 지속적 의미를 "율법의 정치적 기능"(usus politicus legis)의 관점에서 성찰한다.[249] 이 율법의 용법은 하나님의 의지가 인간과의 직접적 관계를 떠나서 수평적 역사의 전 영역에서 본질적인 기능을 수행한다는 것을 표현한다. 그것은 틸리케의 비상질서 개념의 새로운 관점을 나타낸다. 역사 안에서 하나님의 수동적인 침묵은 그의 초기 교회론에서는 보편적인 심판을 상징했지만 이제는 긍정적인 의미로서 역사의 보존을 암시한다.[250] 하나님의 의지는 인간이 그 의지와 자율적 삶의 영역을 중재함이 없이 직접 수평적 역사 안으로 들어온다.

---

248) 이 문제는 이후에 "율법의 정치적 용법"(p. 122의 (3))과 "즉석처리개념"(Improvisationsbegriff, 4.5.4)에서 심화되며 해결점이 모색된다.
249) Ibid, 669.
250) 앞의 p. 81의 (2)를 참고하시오.

틸리케에 따르면 율법의 정치적 기능은 하나님의 "익명성"(Anonymität)을 드러낸다. 이 익명성은 율법의 정치적 기능의 창시자로서 하나님이 인식될 수 없다는 것을 의미한다. 그러나 틸리케는 이와 함께 하나님의 세상보존의 활동성을 긍정적으로 강조하려고 한다. 하나님의 익명성은 인간의 "수용불가능성"(Unempfänglichkeit)과 관련되지 않고 하나님의 세상보존의 "양식"(Stil)이다. 율법의 정치적 기능 속에서 하나님은 그의 인간과의 관계가 인식 될 수 없는 한에서만 알려지지 않은 채로 남아있다. 겉으로 볼 때 율법의 수여자가 아니라 역사 안에서 율법의 기능에 강조점이 주어져 있는 것 같지만 이 기능의 중심점은 역사 안에서 하나님의 활동성에 있다. 하나님의 활동은 율법의 정치적 기능을 통해서 인간의 보편적 합리성과 관계한다.[251] 이와 같은 방식으로 사회적, 정치적 삶 속에서 통제하고 조직하는 자율성들은 그 삶의 영역 안에 활동하는 하나님의 의지를 대리한다. 이 자율성들은 틸리케의 초기 교회론과 역사신학에서는 부정적인 관점에서 하나님의 보편적 심판과 인간의 죄성을 드러내는 도구였지만 이제 하나님의 세상 보존이라는 긍정적인 의미를 지닌다. 율법의 정치적 기능 개념의 도입은 율법이 개인을 통해 중재되지 않고 인간 삶의 사회적 구조 속에서 확립되기 때문에 틸리케의 역사신학 안에서 새로운 사고를 나타낸다.

틸리케에 따르면 율법의 정치적 기능은 그리스도인의 실존에 관계될 때 특별한 의미를 갖는다. 왜냐하면 그리스도

---

251) 틸리케에 따르면 이성은 역사적 삶의 영역의 질서를 위해서 표준적인 요건이다. 그것은 무시간적이며 선천적인 능력이 아니라 인간의 타락에 의해서 규정된다(Thielicke, op.cit., 671f.).

인은 정치질서를 하나님의 "은총의지"(Gnadenwille)로부터 이해하기 때문이다.[252] 틸리케에 따르면 그리스도인은 율법의 정치적 기능을 통하여 하나님은 인내로써 타락 이후로 자신에게 등을 돌리고 위험에 빠져있는 무질서한 인간을 자기파멸로부터 보존시키고 그에게 육체적인 실존 가능성을 보증해 주는 질서를 부여한다는 사실을 인식한다.[253] 틸리케에 의하면 율법의 정치적 기능은 수평적으로 작용하면서 이웃과의 관계를 설정한다.[254] 율법은 이 경우에 개인 사이의 교제를 가능케 함으로써 "사랑의 법"으로 표현된다. 그리스도인은 타인과 연결되어 있는 자신의 정치적 삶 속에서 하나님과의 관계를 재발견한다. 그는 이웃사랑이 자신의 하나님을 향한 사랑에 기초해 있음을 깨달으면서 율법의 정치적 기능을 통하여 그 율법의 창시자인 은혜로운 하나님을 기여한다. 그러므로 율법의 정치적 기능의 창시자로서 하나님은 "성도들의 교제" (Sanctorum communio) 속에서는 더 이상 익명적이 아니다.

하나님과 이웃을 향한 그리스도인의 이중적 관계 방식은 비그리스도인에게도 유효한 율법의 정치적 기능을 통해서만 고찰할 수 있다. 정치적 율법의 창시자는 그리스도인에게는 정치적 현실을 자신의 구원사 안으로 편입시키는 존재로 알려진다.[255] 정치적 현실이 이웃을 향한 관계를 통해 구성되기 때문에 이 관계는 율법의 정치적 기능의 주제와 목적을 형성한다. 여기서 틸리케는 새로운 사고유형을 도입한다. 율법의

---

252) Ibid, 618f.
253) Ibid, 685.
254) Ibid, 687f. 틸리케는 이러한 사고를 이후에 그의 교의학에서 성령론적 관점으로 더 발전시켰다. 이후에 p. 178의(4)와 p. 186의 (3)을 보시오.
255) Thielicke, op.cit., 687f.

정치적 용법은 "역사와 실존"에서는 무조건적 율법이 하나님과 인간의 수직적 관계를 설정했던 것과는 대조적으로 인간 사이의 관계를 형성한다.

이와 같이 율법은 그리스도인의 신앙으로부터 분리되어 "위선"(Heuchelei)이 행하여질 수 있는 삶의 영역이 존재하지 않도록 그를 역사적 삶의 활동영역 안에 세운다.[256] 여기서 틸리케는 위선을 심판과 은혜의 하나님에 대한 관계를 떠나서 단지 삶의 영역의 자율성에 맡겨진 역사적 삶으로 이해한다. 사회적, 정치적 그리고 경제적 삶의 영역들은 그리스도인이 그 영역들을 의인사건에 연결시키지 못한다면 구원질서에서 제외된 채로 남아있다. 결국 율법의 정치적 기능은 그 영역들이 위선의 길로 잘못 인도될 수 있으며 그 때문에 구원을 필요로 한다는 사실을 그리스도인에게 상기시킨다.

4. 새로운 현실이해를 통한 규범적 요구들의 의미변화

(1) 갈등 속에 있는 양심

에온의 긴장을 통한 새로운 현실이해는 역사적 삶의 영역들의 자율적 원리들에만이 아니라 인간의 양심에도 관련된다. 틸리케에 따르면 양심은 실천이성의 표현형식이면서 또한 인간에게 하나님과의 깨어진 관계를 상기시켜주는 "괴리의 표시"로서 나타난다.[257] 그 괴리에 대한 해석은 양심 안에서

---

256) Ibid, 688.
257) Ibid, 1502f.

고발과 변호의 대립관계가 형성된다는 것에서 출발한다. 양심은 자기 자신으로부터 도덕적 "정의"(Gerechtigkeit)를 획득하려고 시도하면서 하나님의 고발에 대응하여 자기 자신을 변호한다.[258] 양심은 한편 자신의 불의 속에서도 율법의 창시자와의 관계를 유지하려고 시도한다. 양심은 하나님의 율법을 제외시키는 것은 아니지만 그 율법이 본래 의도하는 핵심을 간과하고 있다.[259] 이것은 양심 자체가 아니라 양심을 통해 항상 드러난 채로 있는 괴리가 하나님의 의지와 연관되어 있음을 보여준다.

양심은 틸리케에게 하나의 "관계용어"(Beziehungsterminus)다. 이 용어는 접두사 "Syn"(Syneidesis)과 "con"(conscientia) 그리고 "Ge"(Gewissen)이 공통적으로 "함께"(mit)라는 의미를 나타낸다는 점에서 주의를 환기시킨다.[260] 그래서 양심은 모든 지식의 종합을 의미한다. 틸리케는 그 근거를 대상적 지식의 다양성은 주체의 종합을 통해 통일되어 연결된다는 데에서 찾는다.[261] 그러므로 인간은 인식의 주체로서 또한 모든 지식의 최종적인 연결점이 된다.[262] 그렇다면 지식의 다양성은 더 나아가서 진리에 대한 특정한 "당위 관계"(Sollensbeziehung)로 이끌어진다.[263] 진리에 대한 당위관계는 인간이 진리에 대해서 결정할 수 있고 책임질 수 있는 주체라는 것 안에 존재한다. 따라서 당위는 양심이 지식을 책임 안

---

258) Ibid, 1506f.
259) 틸리케에게 율법의 핵심은 율법의 구원사적인 특성이다.
260) Ibid, 1508.
261) Ibid, 1511.
262) Ibid, 1512.
263) 여기서 진리는 하나님의 의지를 의미한다고 볼 수 있다.

에 있는 자의식과 연결시키면서 행동 속에서만이 아니라 지식 안에서도 경험되는 것이다.[264] 틸리케는 이러한 진리에 대한 당위관계를 어원적으로 양심의 희랍어 번역인 "Syneidesis"(함께 아는 관계)를 통해 설명한다.[265] 이것에 따르면 양심은 인간이 모든 지식에 있어서 "함께 아는 존재" (Mitwisser)를 가지고 있음을 암시한다. 그 결과 인간 안에서 두 존재가 서로 만나며 양심은 책임적 인격으로서 인간의 자의식이 된다. 이렇게 양심은 지식을 포함하는 당위의 요구와 함께 인간에게 대립하여 나타난다. 여기서 틸리케는 인간과 하나님의 요구 사이의 괴리를 양심이 자기 안에 가지고 있는 지식의 주체로서 인간과 함께 아는 존재로서 하나님 사이의 괴리로 이해한다.

이러한 인간 안의 괴리는 양심이 율법의 하나님이 아니면 복음의 하나님에 대한 "공동지식"(Mitwissen)이라는 것을 시사한다.[266] 그렇다면 선한양심, 중립적인 양심이 아니라 근본적으로 구별되는 두 가지 양심의 유형, 곧 "구원받는 양심"과 "구원받지 않은 양심"이 존재한다.

구원받지 못한 양심은 하나님의 고발에 대항해서 스스로를 변호하면서 불안에 사로잡힌다.[267] 그것은 변호의 기능 외에도 변호행위를 통해서 타락한 인간의 괴리를 표현하며 그것을 통해 스스로 하나님의 고발의 증인이 되기 때문에

---

264) 틸리케는 이것을 다음과 같이 설명한다 : "자의식을 항상 지식의 내용에 대해 어떤 태도를 취해야하며 그 태도를 통제하는 특정한 규범들에 종속되어있는 존재로서의 나에 대한 의식이다. 예를 들어 이러한 규범들 중의 하나가 바로 진리다." Ibid, 1520.
265) Ibid, 1521f.
266) Ibid, 1526.
267) Ibid, 1527f.

"고발자"로서 나타나면서 고발의 기능을 가진다. 따라서 그것을 때리며 고발하는 양심으로 이해될 수 있다. 여기서 틸리케는 양심 안에서 일어나는 고발과 변호를 종말심판의 전주곡으로 이해한다. 왜냐하면 그것은 한편에서는 심판을 통한 고발을 선취하며 다른 한편에서는 동시에 그 고발에 대해서 스스로를 보호하고 변호함으로써 결국 재앙의 표식으로 나타나기 때문이다.[268]

반대로 구원받은 양심은 하나님과의 평화 속에서 위로를 얻는다. 그 안에서는 고발과 변호관계의 전환이 일어난다. 이제 양심이 고발하며 하나님은 은혜로운 하나님으로 증명되면서 변호를 대신해서 떠맡는다.[269]

양심의 불안은 놀란 양심 자체가 인간의 타락한 상태를 나타내기 때문에 자연적 인간의 비신앙적 상태뿐 아니라 기독교적 자의식 안에서도 여전히 남아있다.[270] 여기서 기독교적 양심의 불안은 단지 율법과 복음의 긴장의 의미에서 이해될 수 없다. 틸리케에 따르면 그것은 인간의 죄에 대해서 너무도 큰 하나님의 자비에 대한 의심에서 비롯된다.[271] 기독교적 양심은 인간의 죄와 하나님의 자비 사이의 괴리에 접근하면서 항상 놀람과 번민 속에 빠질 수 있다. 여기서 기독교적 실존

---

268) Ibid, 1528.
269) Ibid, 1506f.
270) Ibid, 1540f.
271) 틸리케는 기독교적 양심의 놀람을 우상에 제물로 바친 고기를 먹는 문제 (고전 8:7-13, 10:27-29)를 통해 설명한다. 여기서 기독교적 양심은 우상은 실체가 아니기 때문에 불안할 필요가 없다. 사람들이 우상 제물을 하나의 의미 있는 실체로서 받아들인다는 사실은 그들의 양심이 그리스도 신앙 속에서도 아직 우상을 완전히 무시할 수 있는 단계까지 성장하지 못했다는 것을 의미한다.

이 겪는 양심의 불안은 선한 양심을 파괴시킨 타락을 통해서 생겨나는 것이 아니라 구원의 확실성이 혼란을 겪음으로서 형성되는 것이다. 그것은 예수 그리스도의 무한한 지배력이 아직 인간의 전 영역에 작용하지 못하는 것과 연관된다. 양심의 불안은 다름 아닌 에온적 긴장을 투영하는 괴리의 상징이다.

이와 관련하여 틸리케에게는 선한, 편안한 양심 대신에 항상 고발하는 원리로서 남아있다는 의미에서 위로받은 양심, 하나님과 화해한 양심만이 존재한다. 양심은 스스로 안식을 찾으려는 시도를 포기할 때에만 그 안식을 얻는다. 그것은 고발의 기능 속에서 자신이 하나님을 단순히 고발자, 심판자로 만드는 것이 아니라 하나님이 인간을 이 양심을 통해 자기 자신에게로 인도한다는 것을 보여준다.

고발하는 양심은 인간을 잃어버린 자로 증거 하면서 그를 시련을 통해 하나님의 은혜로운 위로 속으로 도피시킨다. 따라서 양심의 안식은 이미 지속적으로 주어져 있는 것이 아니라 항상 주어져야 하는 것으로 이해될 수 있다. 이렇게 "의인상태"안에 있는(Rechftfertigungsstand) 양심은 자연적인 구원받지 못한 양심이 하나님의 율법에 대하여 변호하는 기능을 가지고 있는 것과는 달리 고발의 기능을 수행한다. 그것은 신앙이 자기 안에 안식하는 상태로 머물러 있지 않고 자신의 대상에 속해 있으며 그 대상을 향해 움직일 수 있도록 도와주는 도구로서 나타난다. 그런 의미에서 그것은 율법의 창시자인 하나님 편에 섬으로서 내가 하나님과 함께 하나님을 극복해야 한다는 표식이 된다.[272] 그 때문에 양심의 고발과 변호

---
272) Ibid, 1596.

사이에는 어떤 연속성도 존재하지 않는다.

변호하는 양심과 고발하는 양심 사이의 차이는 "강퍅해짐"(Verstockung)과 하나님의 부르심에 대한 수용사이의 차이에 상응한다.[273] 여기서 이전에는 강퍅해지는 기관이었던 양심이 이후에는 수용하는 기관으로 변화되는 것이 중요한 의미를 제시한다. 틸리케는 이것을 "어떻게"(Wie)가 아니라 "무엇을"(Was)의 질문을 통해서 다룬다. 틸리케에 따르면 "무엇"의 질문은 양심의 변화 속에서 무엇이 일어나는가를 묻는 것이다.[274] "어떻게"의 질문은 어떻게 이 변화가 실현되는가를 목표로 한다. 틸리케는 "어떻게"의 질문이 하나님의 율법에 대한 접촉점으로서 양심의 정체성을 전제 한다고 보고 거부한다. 그러한 질문은 말하자면 "너는 해야 하기 때문에 할 수 있다"는 공리 안에 적용되는 하나님의 율법의 당위와 자연적 당위 사이의 연속성에서 출발한다.[275]

틸리케에게 하나님의 율법의 당위는 자연적 당위와 구별된다. 그것은 양심이 안전을 확보하고 자신을 고수하는 원리를 더 이상 유효하지 않다고 선언하면서 자연적 당위에 연결된다. 그 때문에 틸리케는 "율법과 양심의 만남에서 무엇이 일어나는가?" 하는 질문에 집중한다.[276] 이 만남은 양심을 그것의 변화의 근원인 하나님 앞에 세운다. 양심은 하나님의 율법이 고발로 이해되는 한에서만 접촉점이 된다. 그러므로 양

---

273) 이 경우에 양심은 하나님의 무조건적 명령의 기능을 수행한다. "역사와 실존"에서 무조건적 명령은 "완고해짐"과 "소명"이라는 이중적 방향을 나타내었다. 앞의 p. 27의 (3)을 보시오.
274) Thielicke, op.cit., 1647f.
275) Ibid, 1606.
276) Ibid, 1649.

심 그 자체로서가 아니라 불안한, 아니면 위로받은 양심이 존재한다.

(2) 타락한 에온의 비상질서 안에서 자연법의 문제

틸리케는 하나님의 율법과 자연적(일반적) 당위 사이의 관계를 지금까지는 양심이라는 객관적인 관점에서 검증했지만 이제는 자연법의 문제를 통한 객관적인 측면에서 보완하려고 시도한다. 자연법의 문제는 "세상의 객관적 구조 속에서 영원한 질서와 하나님의 의지에 대한 구체적인 암시가 주어져있으며 또한 그것을 인식할 수 있는가?"의 새로운 질문을 제기한다.[277] 틸리케는 이 질문을 가톨릭의 자연법 이론에 대한 비판을 통해 전개시킨다. 그에 따르면 가톨릭의 자연법 이론은 당위의 내용을 포함하고 있으며 존재질서를 인식할 수 있도록 하는 구체적으로 밝혀질 수 있는 우주의 구성요소, 예를 들어 "타당한 몫"(suum cuique)을 전제한다.[278] 모두에게 여기서 자연법 내지는 그것의 인식 가능성과 적용 가능성은 두 가지 관점에서 의문시된다 : 먼저 자연법의 질서는 원상태와 타락한 세계의 관계를 통해서 문제점을 드러낸다.[279] 이 질서는 반드시 하나님의 율법과의 질적인 유사성이 존재하는 경우, 다시 말해서 타락이 본질적인 의미를 가지지 않을 때만 인식될 수 있다. 다음으로 자연법은 구체적인 역사적 상황의

---

277) Ibid, 1856.
278) 틸리케에 따르면 구교는 "각자의 몫"을 주어져있는 인식 가능한 질서의 '명령적 표현 형식"으로 이해한다. Ibid., 1858f.
279) Ibid, 1902f.

문제에 직면한다.[280] 구체적인 역사 상황은 단순히 "동질적인 존재질서"(homegener Seinsordo)의 보편적인 규범아래 종속될 수 없다. 이 두 가지 문제는 틸리케가 볼 때 개념의 중심에 놓여있다. 그 개념은 두 가지 구성요소를 가지고 있는데 창조의 자연을 전제하는 "원초적"(primäres) 자연법과 타락한 자연을 고려한 이차적 자연법이 그것이다.[281] 둘 사이에는 어떠한 질적 차이도 존재하지 않는다.[282] 둘은 세상에 대한 자연법의 두 가지 관계 방식으로서 창조상태의 자연법과 타락한 세상의 자연법이다. 그 때문에 틸리케는 가톨릭의 자연법 이론 안에서 창조가 타락한 창조로 "전도"(übertragung)되는 문제를 발견한다.

이러한 가톨릭의 견해에 대해서 틸리케는 창조상태와 타락 사이에 질적인 차이가 존재하는 것처럼 두 유형의 자연법 사이의 대립을 강조한다. 원초적 자연법은 불의가 지배하는 타락한 세상을 통해서 변화를 겪는다. 가톨릭의 자연법 이해에는 원초적 자연법과 이차적 자연법이 함께 존재하지만 틸

---

280) Ibid, 1904f.
281) Ibid, 2014f.
282) 이와 관련하여 Wulf는 틸리케가 가톨릭의 자연법 이론을 너무 단편적으로 서술했다고 주장한다. 그는 다음과 같이 확언한다 : "지금까지 우리가 살펴본 바와 같이 틸리케는 원초적 자연법이 구체적으로 실존하는 인간 안에서 자연의 지속적인 존재적 영역과 관련되고 이차적 자연법은 이 영역의 혼란된 질서와 관련된 것으로 생각한다. 그러나 이와 대조적으로 가톨릭 신학자들은 이중적 의미에서 '원초적', '이차적' 자연법을 설명한다. 먼저 구별은 자연법이 실현되는 인간의 역사적 상황과 관련된다. 그것은 거룩하고 은혜로운 "원상태"(Urstand)에 관련될 경우에 "원초적"이 되고 타락한 세상 안에서 타락한 인간의 지위와 관련될 경우에 "이차적"이 된다." H. Wulf, Das Problem des Naturrechts in der theologischen Ethik von Helmut Thielicke; in Die neue Ordnung 14(1960), 105.

리케의 경우에는 양자택일적인 길 만이 존재한다.[283] 틸리케에게 영원하며 모든 것과 연관되어있는 자연법은 존재하지 않는다.[284] 자연법적인 "각자에게"(suum)라는 개념은 존재할 수 없기 때문에 그것을 구체적인 상황에 적용시키기 위해서 보편적인 원칙을 확립시킬 수 없다.[285] "각자에게 자신의 몫"(suum cuique)의 변형은 틸리케에 따르면 타락에 의해서 규정되며 그 결과 어떠한 창조의 흔적도 가지고 있지 않은 "상황"(Umstände)이 아니라 그 "각자"(das suum)가 하나님에게만 알려져 있다는 의미에서 오직 하나님의 사랑에 근거한다.[286] 타락 이전에 자연이 스스로 형성해 낼 수 있었던 자연법은 타락이후에는 초자연적 은총을 통해서 제공되어야만 한다. 이와 관련해서 타락이후의 세상에서는 자연법이 아니라 "자연-불의"(Natur-Unrecht)이 중심주제가 된다.[287] 따라서 자연법은 윤리이론들의 전개를 위한 출발점이 될 수 없다.

틸리케의 자연법 이해는 자연법적 질서개념에 대한 반론으로 나타나는 그의 역사이해에 기초해있다. 그의 비상질서 이론은 자연법이 인간이해에 기초해 있음을 시사한다. 그는 모든 존재질서가 타락에서 유래하는 인간적인 폭력과 보복의 원리에 사로잡혀 있다는 의미에서 인간의 자연을 "자연적 자연"(natürliche Natur)의 모형으로서 다룬다. 자연은 인간과 함

---

283) 이러한 틸리케의 입장은 그가 하나님의 본래적 의지와 자연의 타락을 통해 변형된 하나님의 비본래적 의지를 구별하는 것에 상응한다.
284) 이것은 틸리케의 역사 신학적 관점에 기초한다. 그는 역사뿐 아니라 자연도 인간타락의 "표적"(Merkmal)으로 이해한다. 이에 관하여 앞의 p. 65의 (3)을 참고하시오.
285) Thielicke, op.cit., 2059f.
286) Ibid, 2112.
287) Ibid, 2178f.

께 타락하였다. 자연은 인간과 대립하여 존재하는 영역이 아
니라 그것의 구조가 타락에 의해 재구성되었다는 의미에서
인간의 세계이며 인간의 존재형식이다.[288] 따라서 이 세상은
타락과 구원의 인간 역사로부터 규정되지 않는 자연법에 대
한 진술을 차단한다.

결국 틸리케에게 자연법은 인간의 현실과 결합된 법을
의미한다. 그것은 하나님의 인내를 대표할 뿐 아니라 인간의
타락을 객관화시킨다. 타락한 세상자체가 자연법에 대한 진술
을 불가능하게 하기 때문에 자연법 논의는 중심주제로서 긍
정적으로 전개시켜 나갈 수 없다. 자연법은 그것이 세상은 하
나님의 손에 의해 형성되었던 모습과 같지 않다는 사실을 상
기시켜준다는 의미에서 하나의 "한계개념"(Grenzbegriff)이다.
이 에온의 타락은 자연법이란 프리즘을 통하지 않고는 설명
될 수 없다.

하나님의 변화된 의지를 대표하는 것으로 나타난다. 그
것은 하나님이 타락한 세상의 규범성을 자신의 구원계획을
위해 사용한다는 것을 의미하는 "보존질서"(Schutzordnung)
로서의 세상과 관련된다.[289] 틸리케는 이전에 "역사와 실존"에
서는 역사의 자율성을 전적으로 부정적으로 평가하였지만 이
제는 그것에 긍정적 가치를 부여한다.

자연법은 그것이 객관화된 불의의 형식으로 표현되는 특
정한 사회구조들과 질서들에 대한 거부를 포함하는 한 하나
님의 은혜를 향하고 있다.[290] 이와 함께 틸리케는 그의 윤리를

---

288) 이와 관련하여 앞의 p. 21의 (1)을 참고하시오.
289) Thielicke, op.cit., 2186.
290) Ibid., 2187. 이와 관련하여 자연법의 기능은 십계명의 기능에 상응한다.
앞의 p. 65의 (3)을 보시오.

전통적인 자연법 이론이 아니라 역사 인간학적으로 이해되는 "자연-불의"(Natur-Unrecht)에서부터 시작한다. 역사와 함께 자연도 인간의 타락을 통해 규정된다. 여기서 틸리케는 그의 역사 인간학에서 유래하는 자연과 자연법에 대한 해석을 자연불법에 대한 자신의 인식 속에서 전개시킴으로써 그의 사고의 인간 중심적인 경향이 가장 두드러지게 나타난다.

5. 신학적 윤리의 주제 영역 : 에온적 갈등상황

두 에온 사이의 종말론적 긴장은 그리스도인이 윤리적으로 결단해야 하는 역사적 현실에 그대로 투영된다. 그는 그리스도 사건을 통해서 이미 새 에온의 지체가 되었지만 하나님의 보존의지 아래 있는 옛 에온의 규범성에 여전히 묶여있다. 틸리케의 신학적 윤리는 이러한 그리스도인의 세상 안에서의 상대적 위치와 관련되어 있다. 따라서 기독교적 행동은 윤리적 원칙이나 내적인 성향이 아니라 이 에온의 객관적인 구조를 통해서 규정된다. 다름 아닌 두 에온 사이의 갈등이 기독교적 행동에 작용한다. 이 갈등은 그리스도인의 자신과의 관계, 이웃과의 관계 그리고 세상과의 관계를 특징짓는다.[291] 에온적인 갈등은 명백하고 올바른 행동에 도달할 수 있는 이론적인 가능성을 차단하는 "윤리적 갈등상황"(ethische Konfliktsituation)을 형성한다. 틸리케는 그의 윤리에서 이 갈등에 대한 해결방법을 제시하는 대신에 그리스도인이 두 에온 안에 속한 시민이라는 사실을 논증하기 위해서 구체적 상

---
291) Theologische Ethik II/1, 1.

황 안에서 그 갈등을 가시화하려고 시도한다.

(1) 인간의 타협의 필요성과 모호성

틸리케의 윤리는 "타협"(Kompromiss)의 윤리다. 그에게 타협은 인간이 행동하는 구체적인 역사의 상황은 "해소될 수 없는 에온적 갈등"[292]에 정초되어 있기 때문에 불가능하지만 필연적 시도다.[293] 틸리케에게 타협은 타락한 세상의 비상질서가 나타내는 징후다. 틸리케의 타협개념은 그의 역사 신학적 발전 과정에 있어서 특별한 가치를 가진다. 왜냐하면 이 개념

---

[292] Wilting은 틸리케의 타협개념을 전적으로 윤리적 관점에서만 이해하면서 이러한 역사 신학적 배경을 놓치고 있다 : "헬무트 틸리케는 물론 타협이란 용어를 갈등 내지는 의무충돌의 마지막 해결 가능성을 위해서 사용하려는 것처럼 보인다." H. J. Wilting, Der Kompromiss als theologisches und als ethisches Problem, Dusseldorf, 1975, 74. 타협개념과 관련해서 Wilting은 틸리케의 역사 인간학적 출발점, 다시 말해서 그의 연대성 개념을 비판한다 : "만일 헬무트 틸리케가 모든 인간은 항상 죄 된 행동을 할 수밖에 없다는 진술을 넘어서서 인간이 모든 행동에 있어서 이 세상의 주어져있는 죄성을 고려해야하고 그럼으로써 결코 윤리적으로 올바른 행동을 할 수 없다고 주장한다면 이러한 주장은 지금까지 서술되었던 것처럼 개신교적 의인론의 필연적인 결론으로 받아들여질 수 없다. 왜냐하면 그 의인론에 부합하기 위해서는 인간의 행동이 윤리적으로 나쁘다고 말하면 그만이지 한 걸음 더 나아가서 모든 행동은 근본적인 의미에서 윤리적으로 잘못되었다고 말하는 것은 불필요하다." (Ibid, 90.)

[293] 틸리케는 가톨릭 신학과의 논쟁 속에서 타협을 시종일관 부정적으로 평가한다. 그는 가톨릭의 타협이해를 토스토옙스키의 까라마조프의 형제들에 나오는 종교재판장 이야기와 함께 서술한다. 틸리케에 따르면 이 종교재판장은 선포 안에서 타락한 인간의 본성과 타협을 체결하는 교회의 대리자다(Ibid., 217.). 종교재판장의 타협은 하나님의 초자연적 요구와 인간의 본성 사이의 타협이다. 이 모델은 타락한 세상 안에서 윤리적으로 의로운 행동이 존재한다는 것을 보여준다. 여기서 하나님의 요구(당위)는 인간의 본성(능력)을 전제한다(Ibid, 218f.).

은 어떻게 틸리케가 2차 대전 이후의 상황을 신학적으로 해석한 결과인 "교회와 사회"에 나타나는 비상질서 개념을 윤리적으로 발전시켜나가는지를 보여주기 때문이다.[294] 인간의 타협과 하나님의 타협은 이 세상이 "이상적 상태"(Idealzustand)가 아닌 "비상상태"(Notzustand) 안에 존재한다는 것을 암시한다.

    기독교적 행동은 기독교적 실존이 이 에온의 "초인격적 죄"(überpersonlicher Schuld)에 참여하고 있는 한 타협의 성격을 가진다. 그것은 하나님의 명령과 이 에온의 자율성 사이의 근본적인 타협으로서 표현된다. 인간의 행동이 이루어지는 역사의 현실이 하나님의 명령에 대립하여 전개되기 때문에 틸리케는 모든 타협행동이 용서를 필요로 한다고 본다. 따라서 타협을 떠난 행동의 윤리적 규범을 관철시키는 것은 불가능하다.

    틸리케에게 타협은 하나님의 의지의 성취불가능성에서 유래하는 "능력"(Können)과 "당위"(Sollen) 사이의 괴리를 전제한다.[295] 인간은 하나님의 의지가 그의 능력을 넘어서서 요구하기 때문에 당위의 모순 속에 빠진다. 틸리케는 이것을 "수단-목적 문제"(Mittel-Zweck-Problem)를 통해서 설명한다.[296] 인간은 목적이 항상 특정한 수단을 통해서만 성취될 수 있는 타락한 에온의 비상질서 안에 살고 있다.[297] 그는 두 개의 규범영역, 곧 이 에온의 규범성과 도래하는 에온의 법 안에서 존재한다. 둘은 서로 모순된다. 당위 안에 있는 목적이

---

294) 이에 관해서는 앞의 p. 78의 2를 보시오.
295) Thielicke, op.cit., 147f.
296) Ibid, 152f.
297) 이것에 관해서는 앞의 p. 65의 (3)을 참고하시오.

자율적 현실의 수단을 정당화하는 것이 아니라 오히려 이 에온은 하나님 앞에서 타당한 수단을 자기 안에서 만들어내지 못하기 때문에 이 수단이 목적을 제한한다. 여기에 인간은 당위의 모순을 경험하며 그럼으로써 타협의 필요성을 느끼게 된다. 이 타협은 틸리케에 따르면 최종적인 목표가 아니라 이 에온을 "중간기"(Zwischenzeit)로써 표현하는 잠정적인 현상이다. 그것은 타락한 세상에 바쳐야 하는 일종의 "공물"(Tribut)이다. 인간은 용서가 필요한 세상 안에 사는 한 타협의 상태를 극복할 수 없다. 틸리케의 윤리는 이 타협의 문제에 기초해 있으며 그곳에서부터 전개된다.

(2) 하나님의 세상과의 타협

틸리케는 타협개념을 하나님과 인간관계의 예표로써 적용한다. 하나님의 타협은 인간의 타협과 유비적이라고 볼 수 없다. 인간의 타협은 필연성과 용서를 전제하지만 하나님의 타협은 그의 자유로운 "순응"(Akkomodation)에 기초한다.[298] 하나님이 아니라 인간이 타협을 필요로 한다. 틸리케는 인간의 타협의 성취가 하나님 편에서는 인내와 자기겸비를 통하여 스스로를 세상에 순응시킴 속에서 이룩한 것에 대한 "후속적 성취"(Nachvollzug)라는 의미에서 두 타협사이의 연속성을 발견한다.[299] 이러한 타협구조는 수직적 역사가 수평적 역사 안으로 들어왔다는 것을 암시하기 때문에 틸리케의 이차원적 역사 이해와 유사한 형태를 취하고 있다. 인간의 타협은 인간

---

298) Thielicke, op.cit., 643f.
299) Ibid, 646.

의 하나님의 타협을 통해서 수평적 역사가 하나님의 수직적 역사에 기초하는 것처럼 이해된다.

틸리케에 따르면 타협으로써 하나님의 순응은 율법과 복음이라는 두 방향을 가지고 있다.[300] 율법은 하나님이 이 에온의 타락을 고려하여 타락한 규범성 아래서 지속되도록 한다는 의미에서 수동적 순응으로 표현된다. 이와 함께 하나님의 본래적인 의지는 굴절된다. 이러한 하나님의 순응은 세상의 죄를 통해 고무된 것이 아니라 하나님의 자유로운 은총의 결과다. 세상이 극단적인 창조 명령아래서 멸망하지 않도록 하나님은 타락과 심판 사이의 시간 속에서 그 세상을 존속시킨다. 따라서 율법 안에서 하나님의 순응은 이 세상 시간의 제한된 비상질서 기간에 갇혀 있는 인간의 타락에 대한 고려를 의미한다. 틸리케는 이 순응을 하나님의 최종적인 처방이 아니라 인간을 자기 자신 앞에 세움으로써 결단을 촉구하는 하나님의 잠정적인 조처로 이해한다. 그 때문에 율법 안에서의 순응은 카이로스의 성격을 가진다.

인간의 타협은 마치 하나님이 인간의 타락에 따라서 행동하는 것처럼 그의 순응에 유비적으로 형성되지 않는다. 오히려 인간이 "타협 율법"(Kompromiss-Gesetz)속에서 이 에온의 비상 상태를 인식하며 그 때문에 그는 타협을 영향력이 있지만 현실적으로 불확실하며 잠정적이지만 희망 속에서는

---

[300] Ibid., 642f. Søe는 틸리케가 갈등상황과 타협의 주제를 율법과 복음에 대한 언급으로 끝맺는 것이 피상적이라고 본다. 그는 이와 관련하여 틸리케가 두 에온 이론을 상세하게 전개시키지 않았다고 주장한다: "두 에온에 대한 이론이 그렇게 결정적인 역할을 하기 때문에 우리가 이 이론으로부터 루터의 두 왕국론에 대한 실제적이며 철저한 논의를 얼마나 이끌어 낼 수 있는지 의심스럽다." N. H. Søe, Helmut Thielicke : Theologische Ethik, II/1, in : ZEE1(1957), 142

가능한 것으로 이해한다. 인간의 타협은 타락한 세상에 지불되는 공물이다.

틸리케에 따르면 복음은 하나님의 순응의 두 번째 형식이다. 여기서 복음의 기능이 틸리케의 역사 신학에 있어서 처음으로 등장한다.[301] 율법이 타락한 피조물에 대한 하나님의 순응을 나타내는 반면 복음은 하나님의 의지에 비례하여 인간의 행동 안에 나타나는 변화의 능력을 대표한다. 틸리케에 따르면 이러한 복음의 기능은 예수 그리스도의 부활에서 가장 두드러지게 나타난다:

> "부활은 이 초월적 순간을 처음으로 완전하게 드러낸다 : 왜냐 하면 여기서 비천해짐을 통한 순응이 끝날 뿐 아니라 무엇보다 그 순응의 방향이 급격하게 전환되기 때문이다 이제 그리스도는 그에게 속한 자들로 하여금 자신의 죽음극복과 영생의 삶에 참여하게 한다."[302]

여기서 새 에온은 옛 에온의 한복판에 도래한다.

복음은 그것의 중심이 예수 그리스도 안에서 하나님의 겸비라는 의미에서 능동적인 순응이다.[303] 복음 안에서의 순응은 예수 그리스도가 죄인의 모습 안으로 들어간다는 것을 직접적으로 표현한다.[304] 틸리케는 이 순응을 하나님이 자기 자신과의 싸움에서 획득한 승리로 묘사한다.[305] 따라서 그것은

---

301) 지금까지 틸리케의 역사신학 안에서는 하나님의 요구하는 의지가 본질적인 역할을 수행하면서 복음의 기능은 상대적으로 약화되었다.
302) Thielicke, op.cit., 679f.
303) Ibid, 669f.
304) Ibid, 671.
305) Ibid, 673.

제 4 장 신학적 윤리(1951-64) 141

인간과의 타협의 결과가 아니다. 예수 그리스도는 죄를 자신에게 부과시키고 스스로를 하나님의 심판 아래 세우면서 죄의 원 소유자인 인간과 만난다. 여기서 예수 그리스도는 순응의 "서술어"(Prädikat)가 아니라 "주어"다. 그는 능동적으로 순응 안에 들어간다.

복음 안에 나타나는 그리스도의 순응은 어떻게 틸리케의 타협개념이 종말론과 결합되어 있는가를 보여준다. 이 순응은 율법 안에서의 순응이 비상질서로써의 세상에 관련된 것과는 달리 에온적 긴장과 연결되어 있다. 복음 안에서의 순응은 그리스도와의 연대성을 통한 하나님의 최종적인 타협이 희망 속에서가 아니라 지금 실현되는 한 종말론적인 순간을 포함한다. 이와 관련하여 율법과 복음의 긴장은 옛 에온의 지속과 새 에온의 도래 사이의 긴장을 반영한다. 틸리케는 세상 현상으로써 타협이 한편으로는 이 에온을 위한 "면허장(Freibrief)이 되지 않도록 하고 다른 한편으로는 그리스도 사건 안에서 이미 최종적으로 완결된 종말론으로 이해되지 않도록 하기 위해서 하나님의 율법 안에서의 순응과 복음 안에서의 순응을 동시에 강조하려고 한다.[306]

하나님의 타협은 심판과 은혜의 변증법에 관련된다.[307] 순응 속에서 하나님은 "의인의지"(Rechtfertigungswille)가 "창조의지"이며 틸리케는 창조의지가 심판의 성격을 지니고 있다고 본다[308]는 것을 극복하도록 한다. 타협은 하나님의 편에서는 심판과 은총의 자유에서 유래한다. 그러나 인간 편에서

---
306) 이것은 틸리케의 윤리가 비상질서로서의 현실과 에온적 긴장의 현실이라는 두 가지 현실 구상을 함께 가지고 있음을 시사한다.
307) 이 변증법은 틸리케에게는 카이로스의 의미를 내포한다.
308) 앞의 p. 21의 (1)과 p. 32의 (1)을 보시오.

볼 때 타협은 필연적일 뿐 아니라 의심스러운 것이다. 이런 의미에서 두 타협 사이에는 연속성이 존재하지 않는다. 인간의 타협은 그것이 하나님의 타협 속에서 성취되는 한 윤리적 명령이다. 그것을 또한 인간 행동의 용서의 필요성을 드러낸다는 의미에서 윤리의 장해다. 인간의 타협은 하나님의 타협 앞에서만 타당한 것이다.

(3) 신학적 윤리의 확증자료로서 윤리적 한계상황

틸리케에 따르면 "한계상황"(Grenzsituation)은 세계상황을 에온적 긴장아래서 성찰할 수 있으며 그럼으로써 윤리의 문제를 뚜렷하게 제시할 수 있는 갈등상황의 교훈적 모델이다.[309] 그것은 틸리케가 "한계"라는 용어를 하나님의 창조주로서 활동성과 타락한 피조물 사이의 경계로 이해하기 때문에 두 에온사이의 조정될 수 없는 갈등이 드러나는 장소로써 표현된다. 그의 윤리는 특정한 윤리적 지침들과 함께 해결의 실마리가 주어지는 "정상적인 사례"(Normalfall)가 아니라 전형적인 범례가 의료 행위에 나타나는 문제들을 포함하고 있지 않은 의학에서처럼 "한계사례"(Grenzfall)와 관련된다.[310] 틸리

---

[309] Bentum은 틸리케의 한계상황 이해를 에온적 긴장이 아니라 오직 이 에온의 죄의 관점에서만 서술한다. 여기서 그는 한계상황의 종말론적 성격을 간과하고 있다: "틸리케에 따르면 신학적 관점에서 우리가 서 있는 한계상황은 죄다. 구체적인 경우로써 각각의 한계상황은 우리가 죄가 세상의 모습 속에 고착되어 있는 현실 속에서 초인격적이며 또한 동시에 인간으로부터 유래한다는 의미에서 인격적인 죄의 연대성 안에 서 있다는 불가피한 사실을 계속해서 일깨워 준다." A.V. Bentum, Helmut Thielickes Theologie der Grenzsituation, 54

[310] Thielicke, op. cit., 688

케에게는 타락이 단지 개인뿐 아니라 세상의 규범성이라는 사실을 명백하게 하는 종말론적 한계가 중요한 문제가 된다. 따라서 인간은 세상의 두 한계 앞에 서 있다:

> "세상 안에 창조의 가능성으로서 주어진 것과 세상이 자신의 본래성과 자신 안에 창조에 계획된 것을 실현하는 것에 관련된 한계뿐 아니라 세상이 타락과 혼돈 그리고 주어진 창조의 선의 유용에 대한 가장 두드러진 가능성으로서 가지고 있는 것에 관련된 한계가 그것이다."[311]

세상은 이 두 한계 사이에 존재한다.

틸리케는 세 가지 확증의 관점에서 한계상황을 해석한다: 첫째로 한계상황은 절망적인 갈등으로 나타난다.[312] 둘째로 한계 상황 속에서는 이 에온의 타락이 현실화되며 그럼으로써 그 상황은 계속하여 악을 산출해낸다.[313] 마지막으로 인간은 한계상황 속에서 필연적으로 죄를 범하고 또한 용서 아래 살면서 "경사진 면"(schiefe Ebene)의 율법에 빠져들도록 위협 당한다.[314] 따라서 기독교 윤리는 한계상황을 결의론적(kasuistisch)으로 풀어나가야 하는 과제를 가지고 있지 않다. 틸리케는 오히려 이 상황을 심판과 은혜의 이중적 관점아래서 분석하려고 한다.

틸리케에 다르면 심판의 관점아래서 한계상황의 존속은

---

311) Ibid, 707
312) Ibid, 759
313) Ibid, 767
314) Ibid, 776. 틸리케는 "경사진 면"을 죄를 질 준비나 마지못해 죄를 짓지 않을 수 없는 인식과 같은 불법의 면에 발을 들여 놓는 것은 예상할 수 없는 결과를 초래한다는 의미로 이해한다.

그 상황이 결코 초인격적인 운명이 아니라 인간으로부터 야기된 총체적 죄악을 나타낸다는 것을 의미한다.[315] 그 때문에 인간의 행동뿐 아니라 이 행동이 성취되는 상황도 용서를 필요로 한다. 여기서 틸리케는 한계상황을 비극적인 세계구조의 표식으로써가 아니라 하나님의 심판으로서 이해한다. 이 에온의 죄가 심판을 촉발시킬 뿐 아니라 심판이 죄를 먼저 깨닫게 함으로써 그것을 강화시킨다.[316] 인간은 초인격적 세상 죄로부터 살아갈 뿐 아니라 자기편에서 그 죄를 계속해서 활성화시킨다.[317]

은혜의 관점에서 한계상황의 존속은 그것이 타락한 세상의 예표일 뿐 아니라 이 세상 안에서 약속의 증거를 자신 안에 지니고 있다는 것을 의미한다.[318] 한계상황은 심판과 은혜의 해소될 수 없는 긴장을 드러내는 위기와 구원의 접촉점을 형성한다. 인간이 한계상황을 하나님 앞에서 감내해 나가면서 그는 더 이상 그 상황과의 연대성 안에 있지 않고 그 상황으로부터 벗어나게 된다. 그렇다면 한계상황 속에서 윤리적 곤경은 하나님이 인간에게 어떤 규준을 제시해준다는 의미에서 결단의 불가능성으로 인도된다고만 볼 수는 없다.[319]

심판과 은혜로 대표되는 한계상황의 두 의미영역은 이 에온의 타락한 세상이 창조의 혼한과 함께 하나님의 의지를 나타내기 때문에 역사적 상황과 이 상황 안에서 하나님의 활동사이의 관계규정으로부터 유래한다. 틸리케에게 창조주로서

---

315) Ibid, 797f.
316) Ibid, 799.
317) Ibid, 801f.
318) Ibid, 803
319) Ibid, 816f.

하나님이 타락한 피조물로부터 분리되어 세상 저편에 존재한 다는 것은 수용될 수 없다. 세상의 창조자로서 하나님의 본성 은 율법의 창시자로서 그의 본성과 모순되지 않으며 또한 그 것으로부터 독립해서 다루어질 수 없다. 이 에온의 창조와 죄 사이에서 이중적 의미를 함축하고 전개되기 때문에 이 에온 의 상황 안에서는 하나님의 창조의지 뿐 아니라 그의 변화된 의지도 작용한다. 하나님이 이 에온의 상황을 그것의 반창조 성 속에서 보존하기 때문에 그의 창조의지는 그러한 수정된 의지 아래 있는 상황 속에서 구체적으로 인식되기 어렵다. 틸 리케에 따르면 이 사실은 결코 하나님 안에 있는 자기모순을 드러내지 않는다. 그 둘은 역사 안에서 하나님의 활동으로부 터 유래한다.[320] 이러한 사고는 그가 "역사와 실존"에서 하나 님의 심판 행동과 의인행동을 하나의 명령아래서 이해했던 것과 관련된다.[321] 하나님은 타락한 인간을 타락한 피조물의 질서 아래서 존속시키면서 그를 심판하며 또한 의롭다 인정 한다.

    틸리케가 볼 때 역사 안에서 하나님의 활동은 "제일 원 인 이론"(Prima-causa-Gedanken)으로 제한될 수 없다. 하나 님의 의지는 마치 타락한 피조물의 사실성이 단순히 하나님 으로부터 유래한 것처럼 인과과정 안에 설정될 수 없다. 오히 려 이 에온의 현상들은 인간의 죄와 이 죄의 결과들을 반영 한다. 따라서 파괴와 잔혹함의 상황은 자연의 현상이 아니라

---

320) Ibid, 827. 이러한 틸리케의 사고는 그의 초기 역사신학과 관련된다. "역사 와 실존"에서 우리는 어떻게 하나님의 명령 아래서 역사의 상호아이 창 조질서로서 뿐만 아니라 의인질서로써 규정될 수 있는가를 살펴보았다.
321) 앞의 p. 27의 (3)을 보시오.

"비자연"(Unnatur)의 증상이다.[322]

틸리케에 따르면 그리스도사건은 창조세계의 왜곡에 대한 유일한 저항이다. 왜냐하면 그것은 도래하는 하나님 나라에 대한 종말론적 암시일 뿐 아니라 동시에 타락한 피조물에 대한 그의 창조섭리의 표현이기 때문이다.[323] 이렇게 하나님의 세상 창조계획은 타락한 세상이 보여주는 반창조성과는 다른 것이다. 피조물의 타락 때문에 "변화된 하나님의 의지"[324]와 함께 그의 창조의 지도 역사 안에 작용한다. 틸리케는 하나님의 의지 안에 나타나는 이 두 방향을 루터적 용어인 "하나님의 낯선 행위"(opus alienum Dei)와 "하나님의 본래적 행위"(opus proprium Dei)의 관점에서 구성한다. 그에 따르면 본래적 행위는 용서와 긍휼 가운데 표현되는 하나님의 직접적인 은총행위를 의미하며 "낯선 행위"는 간접적으로 창조를 교란시키는 원리를 통해서 드러난다.[325] 하나님의 낯선 행위는 비상질서로써의 역사와 관련되고 그의 본래적 행위는 두 에온 사이의 긴장 영역으로서 역사에 관련된다. 이러한 질적으로 상이한 역사관이 시종일관 틸리케의 윤리 안에서 움직인다. 루터가 하나님의 한 행위에 대한 두 측면으로 강조한 것과는 달리 틸리케에게는 낯선 행위와 본래적 행위 사이의 논리적 인과성이 존재하지 않는다.[326] 하나님의 두 행위 사이의 긴장은 그의 비상질서 이론과 에온 이론 사이의 긴장에 상응한다. "본래적 행위"에 있어서는 새 에온의 도래가 중요하지만 "낯

---

322) Theologische Ethiik Ⅱ/1, 848
323) Ibid, 678f.
324) 앞의 3.1.3에서 논의된 "십계명과 비상질서"를 참고하시오.
325) Theologische Ethik Ⅱ/1, 851f
326) Ibid, 854

선 행위"에 있어서는 옛 에온의 보존이 중요하다. 하나님의 본래적 행위는 낯선 행위로부터 이끌어진 것이 아니라 옛 에온의 한 복판에 도래하는 새 에온을 암시하는 가정할 수 없는 "기적"이다. 한편 하나님의 낯선 행위의 관점에서 이 에온의 혼란과 불의는 하나님의 은총의지 안에 포함되어 있다. 그렇다면 모든 것은 하나님의 목표아래 종속되어 일어난다. 타락한 피조물 안에 있는 악은 그의 창조의 보존에 기여한다. 이와 관련하여 세상 안에서 하나님의 두 가지 행위는 낯선 행위에서 본래적 행위로 이어지는 인과적 연속성을 가지지 않는다. 반창조성은 인간이 그것을 통하여 하나님의 낯선 의지에 직면하며 결단으로 인도되고 그럼으로써 하나님의 본래적 의지를 인식하는 한 긍정적인 기능을 가진다. 이와 같이 틸리케는 하나님의 행위를 인간을 향한 직접적인 인격적 관계로 이해한다.[327] 따라서 세상 안에 있는 반창조성은 세상의 기원으로 거슬러 올라가도록 인도하기 보다는 세상을 그것의 목표를 향하여 세운다. 틸리케는 하나님의 역사인도에 대한 이러한 성찰방법을 요셉의 이야기를 통하여 구체적으로 설명한다: "만일 요셉의 형제들의 죄 때문에 이집트에 팔려 가지 않았다면 가뭄이 찾아왔을 때 그의 가족을 도와줄 수 있는 가능성은 존재하지 않았을 것이다. 하나님은 죄와 과오까지도 역사 안에서의 놀라운 섭리의 도구로 사용한다."[328]

---

327) 틸리케에 따르면 목사의 용서의 격려, 의사의 치료행위 그리고 구제의 사랑은 이것들이 하나님이 아닌 창조의 혼란에 대한 저항이기 때문에 하나님의 본래적 행위의 표식이다. 그것들은 하나님의 창조가 파괴된 창조질서 안에서 그것과 함께 현존하며 일어나고 있다는 것을 증거한다. Ibid., 871f.
328) Ibid., 886

따라서 자율적인 세계과정은 하나님의 숨어있는 수동성이 아니라 "능동적 현존"(actuositas Dei)을 나타낸다. 그럼으로써 틸리케는 인간이 한계상황 속에서 하나님의 인도아래 있다는 점을 분명히 하려고 한다.

(4) 한계 상황 안에서 성령의 인도 : 기독교 윤리의 성령론적 기초설정

한계상황은 창조와 죄의 변증법을 통해 규정되기 때문에 윤리적 개념으로부터 어떤 행동을 미리 구성하는 것은 불가능하게 만든다. 틸리케는 윤리적 결단이 그때그때의 상황 속에서만 가능하다고 강조한다. 그는 성령이 절망적인 상황 속에서 인간을 사랑의 "자발성"으로 인도한다는 것에서 그 근거를 찾는다. 성령은 율법이 인간을 외부로부터 움직여서 자아가 "두 부분"[329]으로 나누어지는 것과는 달리 인간 안에 내부로부터 작용함으로써 그를 나누어지지 않은 온전한 주체가 되게 한다. 성령은 이렇게 인간에게 자신의 정체성을 찾을 수 있는 새로운 능력을 부여한다.

틸리케의 윤리는 그가 규범적 윤리를 거부한다는 의미에서 일종의 "상황윤리"(Situationsethik)라고 볼 수 있다.[330] 그러

---

329) 하나의 자아영역은 율법을 긍정한 것이고 다른 하는 그것에 저항하며 따라서 극복되어야 하는 자아영역이다. Ibid., 1082
330) 이러한 필자의 견해와는 달리 Schussler는 틸리케의 윤리를 규범적으로 정초된 윤리로 이해한다: "그가 비록 진리의 시간성과 이 세상을 향한 하나님의 질서의 인식불가능성을 주장하고는 있지만 오직 하나님에게만 알려진 "진리자체"(THE. I, 1324) 혹은 긍정적인 자연법적 질서(THE. I, 2112)를 소개하려고 시도한다. 그러나 이러한 소개는 틸리케에게 시

나 그것은 상황윤리학자 플레처가 시도했던 것처럼 틸리케도 사랑의 자발성을 그때그때의 상황 안에서 행동의 원칙으로 이해하고 있기는 하지만 엄밀한 의미에서 볼 때 고전적 상황윤리에 기초하지 않는다.[331] 이러한 자발성은 성령의 인도에 기초해 있다. 틸리케의 윤리는 실증주의적으로 상황과 관련되어 있거나 상황을 지향하지 않는다. 오히려 그의 윤리는 상황을 에온적 긴장의 모상으로써 의문시하면서 하나님의 영에 대한 관계를 투영하는 한 실례를 제공한다. 그것은 규범윤리나 상황윤리가 제공하는 것과 같은 양자택일의 결단으로 인도하기 보다는 인간이 실존하는 구체적인 윤리적 상황 안에서 성령의 인도와 관계된다. 틸리케는 상황에 대한 질문을 역사적 삶의 영역의 근본 질문으로서 나타나는 성령에 대한 질문으로 이해한다. 그는 삶의 영역을 성령의 인도아래 있는 인간 삶의 활동 영역으로 칭한다. 그는 상황에 대한 질문을 세 가지 주제 영역 안에서 설명한다 : "순간 안에서 행동의 단순화", "올바른 행동을 위한 기도", "절망적인 행동을 위한 약속."[332]

첫째로 성령은 행동의 결정적인 순간에 인간을 "즉석처리"(Improvisation)로 인도한다.[333] 틸리케에 따르면 즉석처리는 염려하며 숙고하는 것과 모순적인 대립개념이 아니라 그

간성의 제한적 규정이 처음으로 그 의미를 갖도록 하는 말하자면 없어서는 안 되는 안전장치와 같은 것이다." H. Schüssler, Das Verhältnis von Norm und Situation als Problem in der gegenwärtigen theologischen Ethik, in : ZEE 5(1961), 157.

331) J. Fletcher, Moral ohne Normen, Gütersloh, 1967, 12f.
332) Theologische Ethik Ⅱ/1, 1087.
333) Ibid, 1096f. 틸리케에게 즉석처리는 인격적인 직접성을 의미한다. 그것은 말하자면 계획적으로 구성된 제도적 규범에 대립되는 개념이다.

러한 숙고를 통과함으로써 얻어지는 순간의 예리한 요구에 응답하는 자유를 의미한다.[334] 틸리케는 인격적인 직접성에 무엇보다 중요한 의미를 부여한다. 그럼으로써 그는 즉석처리를 이웃을 향한 인격적 사랑에 국한시킨다. 그의 이해는 제도화된 사랑을 통한 구제와 공공복지의 차원이 결여되어 있다.[335] 결국 그는 즉석처리개념을 단편적으로 해석했다고 볼 수 있다. 틸리케에 따르면 즉석처리는 하나님이 스스로 인간의 상황 안으로 들어와서 한계상황의 순간에 명쾌한 길을 제시하기를 원하신다는 사실에 기초해 있는 한 특정한 성령론과 관련된다.[336] 여기서 즉석처리는 한계상황 안에서 인간의 행동과 하나님의 의지를 조화시킨다. 타락한 세상 안에서의 행동은 항상 용서아래 있으며 그런 의미에서 하나님의 의지와 부딪치기 때문에 앞에서의 결과는 오직 "하나님의 활동성"(actuositas Dei)으로써 성령의 인도에 기인한다.[337] 성령의 인

---

334) 틸리케는 이것을 선한 사마리아인의 비유를 통해서 설명한다: "강도만난 자는 그냥 지나쳐 버렸던 사람들의 일과표에는 미리 고려되어 있지 않았으며 그 때문에 즉석처리의 요구를 대표한다. 이 즉석처리가 제사장과 레위인에게 어떻게 파괴되었는지는 언급되지 않는다. 두 사람은 순간으로부터 요구와 이미 주어진 과업으로부터의 요구 사이에서 갈등할 수 있을 것이다. 그런 머릿속에서 둘 사이의 가치를 비교함으로써 그들은 순간의 요구를 뿌리치고 이웃을 지나쳐 가기로 결정하게 되었다. 여기서 즉석처리는 이웃의 존재 대신에 이해관계를 고려함을 통해서 깨어진다." Ibid., 1098.
335) 이와 관련하여 Philippi는 틸리케가 인격적이며 무계획적인 즉석처리개념을 가지고 초인격적인 질서의 차원과 신약성서 공동체의 계획적으로 실천된 선행을 평가절하 시켰다고 비판한다. P. Philippi, Improvisation, Bemerkung zu Helmut Thielickes Aufsatz "Probleme des Wohlfartsstaates", in : ZEE 3 (1959), 251.
336) Theologische Ethik Ⅱ/1, 1099.
337) Ibid, 1103f.

도 속에서 인간에게 자신의 행동이 하나님의 의지와 일치한 다고 이해할 수 있는 가능성이 열린다. 인간은 행동의 순간에 하나님과의 통일성과 용서의 필요성을 동시에 경험하기 때문에 성령의 인도를 자신의 의지와 행동에 대한 정당화를 남용해서는 안 된다. 틸리케에게 두 경험 사이에는 어떠한 간격도 없다. 이렇게 볼 때 틸리케는 즉석처리 개념을 하나님의 타협의 대칭개념으로써 하나님의 의지에 대한 인간의 적응으로 표현하려고 했던 것 같다. 그런 의미에서 그는 즉석처리를 "순간을 위한 기독교적 자유"로 규정할 수 있었을 것이다.[338]

틸리케는 타락한 세상의 비상질서와 연관된 "낯선 의지"와 그리스도 사건을 통해 실현된 "본래적 의지"를 하나님의 역사 안에서의 활동을 나타내는 두 가지 표현형식으로 이해한다. 하나님의 활동의 관점에서 볼 때 그의 비본래적 의지와 본래적 의지는 서로 모순되지 않으며 구원사적 연속성 안에 있다. 중요한 것은 하나님의 뜻과 하나가 되는 것이다. 성령은 인간을 하나님의 의지의 기초가 되는 사랑과 하나 되게 하면서 하나님의 의지와 통합시킨다. 이러한 통일성은 성령을 통해 주어지기 때문에 이미 붙잡은 상태가 아니라 붙잡아야 하는 대상이다. 하나님이 인간의 불완전한 행동을 자신의 일로 여기고 인간의 시험을 떠맡고자 함을 통해서만 인간은 성령의 임재 안에서 제시된 길을 향해 결단할 수 있다.[339] 인간은 성령 안에서 행동하는 한 하나님 앞에서 의롭다.

둘째로 한계상황의 해석은 기도에 속해 있다. 상황해석의 불확실성과 그것에 따른 행동에 있어서의 곤경은 기도의

---

338) Ibid, 1097.
339) Ibid, 1130.

무지에서 유래한다.[340] 기도 안에서 성령은 인간의 자리로 온다. 그는 기도의 대상일 뿐 아니라 동시에 기도의 주체다.[341] 여기서 윤리적 행동의 예측 가능성과 선행적 결단은 무효화 된다. 성령이 인간을 기도할 수 있도록 하면서 인간을 상황을 해석할 수 있게 된다. 이렇게 인간이 간구하는 성령의 인도는 한계상황에서 하나님의 은총의지를 증거한다. 기도와 그것의 성취사이의 불일치는 한계상황에 대한 윤리적 의미를 가지고 있다.

마지막으로 틸리케는 한계 상황 안에서 상령의 인도를 "불결한 짐승을 먹는 문제"(행 10:1-20)와 성서적 갈등 상활을 통해 설명한다. 이삭의 제사에 나타나는 첫 번째 예화는 불결한 것을 피함을 통해 존중되어야 하는 하나님의 위엄과 그것을 먹도록 하는 규정사이의 외형적 모순을 나타낸다. 틸리케는 이 갈등상황의 해결을 하나님이 자신의 이전 계명을 폐지하고 새로운 에온을 도래시킨다는 것으로써 해석한다.[342] 이와 관련하여 그는 앞에서 언급된 하나님안의 외형적 갈등은 오직 구원사적 연관 속에서만 이해될 수 있다고 주장한다.

이삭의 희생제사는 하나님 안에 있는 자기모순을 드러낸다 : "아브라함을 통하여 땅위의 모든 족속들이 복을 받게 된다는 하나님의 약속을 아들, 이삭과 연결되어 있다. 이제 아브라함이 약속의 소유자를 희생 제물로 바쳐야 하는 상황에 처하게 된다면 그는 하나님이 마치 거짓말쟁이인양 자신의 약속을 성취하려고 하지 않는다는 것을 받아들이든지 아니면

---

340) Ibid, 1147.
341) Ibid, 1134.
342) Ibid, 1150.

약속이 위태롭게 되지 않기 위하여 약속의 소유자를 바치지 않고 불순종의 길을 가야만 한다는 사실을 받아들이려고 노력할 것이다.[343]

믿음과 순종사이의 이러한 난제는 사실상 하나님의 약속과 그의 계명 사이의 난제에 근거한다. 여기서 율법과 복음 사이에는 어떠한 연속성도 찾아 볼 수 없다. 아브라함이 처해 있는 갈등상황은 신적인 것과 그것에 대항하는 것 사이의 갈등이 아니라 하나님 안에 있는 현상적 갈등에서 유래하기 때문에 결단을 위한 윤리적 성찰과 관련되지 않는다.

틸리케는 이러한 세 가지 주제 영역들을 가지고 자신의 타협개념 안에서 하나의 새로운 형식을 소개한다. 그것들은 과거에 세상에 대한 하나님의 적응이 중심주제였던 것과는 달리 인간의 행동이 어떻게 하나님의 의지에 대한 타협으로써 적용될 수 있을 것인지를 보여준다. 성령은 하나님의 순응에 대한 인간의 응답적 움직임을 가능케 한다. 필자가 볼 때 틸리케는 이러한 사고를 이후에 "기독교 신앙"(der evangelische Glaube)의 교회론 안에서 발전시킨다.[344] 인간의 한계상황 속에서 그 상황의 해결을 성령의 인도에 맡기는 것을 결단할 수 있으며 또한 결단해야 한다. 따라서 하나님이 인간을 한계상황 속에서 존속시키는 것은 하나님의 구원섭리에 기초한다.

에온 사이의 갈등상황을 논지로 설정하면서 틸리케의 윤리 안에는 "역사와 실존"에서 나타났던 이차원적 역사구조

---

343) Ibid, 1152.
344) 이후의 p. 186의 (3)을 참고하시오. 거기에 성령이 야기시키는 인간의 응답적 행동은 수평적으로 그의 이웃과의 관계 안에 설정된다.

가 변형되어 다시 등장한다. 새 에온과 옛 에온은 역사의 두 차원처럼 하나의 구체적, 역사적 상황에서 만난다.[345] 따라서 틸리케의 상황윤리는 "역사와 실존" 그리고 "교회와 사회"의 의미에서 볼 때 역사를 단지 매우 제한적인 방식으로 "역사적 상황"으로 파악하는 윤리라고 볼 수 있다. 그리고 이 상황으로부터 과연 하나의 윤리 체계가 충분히 구성될 수 있을지 의구심을 불러일으킬 수 있는 "자발성"과 "즉석처리" 같은 개념들이 도출된다.

6. 요약 : 종말론과 윤리

틸리케 윤리의 초석은 옛 에온과 새 에온 사이의 긴장 영역을 나타내는 새로운 현실이해다. 새로운 에온은 종말론적 긴장을 불러일으키는 "교란사격"(Störungsfeuer)으로써 옛 에온 안에 도래한다. 그럼으로써 비상질서이론은 종말론화 된다. 틸리케는 그러한 에온적인 모형을 윤리적 차원에서 성찰하면서 "의인 동시에 죄인"이라는 기독교적 실존형식이 의미하는 의인과 행위사위의 관계규정에 적용시킨다. 이것은 틸리케의 역사 신학적 사고 발전의 직접적인 결과다. 그의 역사 신학적 기초설정은 이제 하나의 변화를 겪는다. 그는 이제 "역사와 실존"에서 처럼 역사를 인간의 실존을 통하여 성찰하지 않고 에온적 긴장의 예표아래서 인간을 역사로부터 이해한다. 에온적 긴장은 그리스도인의 윤리적 삶을 규정하는 현실을 구성

---

[345] "역사와 실존"에서 역사의 두 차원은 하나님의 무조건적 명령을 통해 서로 교차한다. 앞의 p. 25의 (2)를 보시오.

한다. 그것은 기독교적 행동에 있어서 "주어진 것"(Zuspruch)과 "해야 하는 것"(Anspruch)의 긴장을 구체화한다. 그럼으로써 틸리케는 기독교 윤리의 규범적 과제도 문제시한다. 그의 관심은 그리스도인이 현실 속에서 어떻게 처신해야 하는 것에 있지 않다. 오히려 그는 인간이 윤리적으로 행동해야 하는 구체적인 상황을 현실이 어떻게 규정하며 그 상황 속에서 하나님의 의지는 어떠한 역할을 하는지 밝혀내기 위해서 그 현실을 이해하고 해석하는 일에 집중한다. 이러한 목표 설정은 틸리케의 윤리가 윤리적 과제가 아니라 역사 신학적 관심에서 출발한다는 사실에 그 이유가 있다. 틸리케는 "역사와 실존"에서는 하나님의 의지와 역사적 상황사이의 대립을 강조했지만 그의 윤리에서는 둘 사이의 연관성을 나타내 보이려고 시도한다.

틸리케의 윤리에 있어서 의인사건은 본질적인 기능을 수행한다. 기독교적 행동은 행위 층이 아니라 동기 층으로부터 유래한다. 그것은 의인사실에 대한 후속적 검증이다. 의인사건은 선한 행위가 의인의 자동적인 결과일 뿐만 아니라 하나님의 요구라는 의미에서 "서술법적"(열매의 동기)이며 "명령법적"(당위의 동기)인 이중적 동기부여를 형성한다. 그리스도인이 두 에온 사이의 긴장 영역으로서의 세상 안에 살며 모든 행동이 이 에온의 초인격적 죄에 참여하고 있는 한 서술법과 명령법은 서로 구별되지 않는다. 이와 함께 틸리케의 역사신학에는 방법론적 전환이 나타난다. 그는 과거에 전 역사를 귀납적으로 개인적인 심판상황으로부터 이해했던 것과는 달리 인간이 윤리적으로 행동해야 하는 갈등 상황을 연역적으로 에온적 긴장으로부터 성찰한다.[346]

틸리케는 역사 안에서 하나님의 요구하는 의지의 활동을 더 한층 강조해 나간다. 그는 바르트에 대한 비판에서 보여 주었던 것처럼 율법과 복음의 대립을 해소시키고 둘을 복음의 관점에서 통하려는 시도를 비판한다. 율법은 이 에온 안에서 기독교적 삶을 위한 지속적인 의미를 가진다. 그것은 기독교적 실존이 "되어감"안에 있는 한 교육적 기능을 가진다. 다시 말해서 기독교적 실존 안에는 완전한 현존재 대신에 영적으로 성숙해지는 과정이 있다. 그리스도인은 자신의 삶의 역사의 담지자로서 그 과정을 그의 역사적 결단들 속에서 표현한다. 여기서 율법은 규범적 기능 대신에 교육적 기능을 수행한다. 예수 그리스도가 율법의 요구를 이미 성취하였기 때문에 율법은 더 이상 고발하거나 심판하지 않고 자유로운 성취의 대상이 된다. 그것은 하나님의 심판의지 대신에 성화시키는 의지를 나타낸다. 이와 함께 수평적 역사의 상황은 "위기-구원"의 성격을 포함한다.

그러나 율법이 그러한 지속적 의미를 갖는다면 수평적 역사의 관점에서 율법의 기능과 복음의 기능 사이에는 어떠한 차이도 존재하지 않는다. 왜냐하면 틸리케는 복음의 기능을 오로지 수직적 차원의 관점에서만 표현하기 때문이다.[347] 수평적 역사에서 볼 때는 복음의 본질적 기능은 존재하지 않으며 다만 부정적이며 긍정적인 율법에 대한 두 가지 관점만이 존재한다. 이 문제는 이미 2장에서 무조건적 명령안에서

---

346) 이러한 방법론적 전환은 틸리케의 초기 교회론에도 나타난다. 거기서 그는 개체적인 재난 상황을 에온적 심판으로부터 이해한다. 필자가 볼 때 이것을 그의 종말론이 개인적 심판 상황으로부터 벗어날 수 있도록 하기 때문에 방법론적으로 성과 있는 관점의 전환이라고 할 수 있다.
347) 앞의 p. 138의 (2)와 p. 148의 (4)를 참고하시오.

그리고 3장에서 계명의 침투하는 기능과 비상질서 이론에서 드러났다. 틸리케는 그가 바르트를 "복음 일원론"이라고 비판했던 것과 같은 방향으로 "율법 일원론"에 빠졌다고 볼 수 있다. 비록 그가 율법과 복음을 엄밀히 구별하려고 했을지라도 복음이 율법에 종속되어 있는 것처럼 보인다. 그럼에도 불구하고 복음의 기능이 처음으로 틸리케의 타협개념에 표현되고 성령의 인도 안에서 율법의 성취로서 함축되어 있는 것은 주목해 볼 필요가 있다. 그것은 필자가 볼 때 틸리케가 자신의 역사신학을 성령론적으로 새롭게 출발하려고 시도한다는 것을 암시한다. 이후에 "기독교 신앙"에서 율법의 기능은 이차원적 역사모델이 성령의 활동을 통해 대치되면서 새롭게 해석된다.

틸리케는 역사적 삶의 다양성 속에서 율법의 지속적인 의미를 단지 하나님의 의지만이 아니라 인간의 보편적 합리성에도 관련된 "율법의 정치적 기능"을 통해서 구성한다. 율법의 정치적 기능은 타락한 세상의 규범성 안에 표현되는 하나님의 의지를 담고 있다. 그 의지는 다름 아닌 세상을 자기 스스로 초래하는 파멸로부터 보호하려는 것이다. 율법의 정치적 기능은 수평적 역사의 전 영역에서 본질적인 기능을 수행한다. 율법이 본래적으로 그리스도인을 위해 교육적 기능을 수행하지만 이 새로운 용법은 모든 인간에게 적용된다. 여기서 틸리케의 비상질서 이론은 두 방향을 나타내게 된다. 한편으로 하나님은 타락한 에온을 그것의 반창조성 아래서 존속시킨다. 다른 한편에서 그는 이 에온을 자기파멸로부터 보호한다. 이것은 틸리케의 비상질서 이론에 있어서 하나의 새로운 형식이다. 이전에 그는 이 에온의 규범성을 오직 부정적인 관점, 곧 심판의 관점아래서 전개시켰다. 이제 그 규범성은 하나님의 긍정적인 의도, 곧 그의 보존의지를 나타낸다. 이 에온은 타락을 표현할 뿐 아니라 이 타락 앞에서 보존된다. 그러나 율법의 정치적 기능은 세상의 규범성이 복음과는 별도로 구원사적 기능을 수행하게 되는 문제점을 야기시킨다.

틸리케는 비상질서 이론과 함께 두 에온 이론을 소개한다. 하나님의 본래적 의지를 대신하는 이 현실묘사는 틸리케의 윤리에서 본질적인 역할을 하고 있지만 사상적으로 불명료하게 나타난다. 틸리케는 복음으로서 하나님의 타협을 의미하는 예수 그리스도의 부활의 관점 안에서 이 모델을 설명하면서 그것을 인격적이며 수직적인 차원에 제한시켰다.[348] 여기서 에온적인 현실 모형은 수평적 역사와 연관성을 갖지 못한다. 틸리케는 이전에 자신의 진술 속에 강조되었던 하나님의 스스로를 역사 안에 존재하는 원리들에 순응시키고 그것들을 타락 속에서도 보존한다는 내용을 이제 마무리하려고 시도한다. 그렇지만 어떻게 새 에온이 역사 안에 활동적으로 도래하며 그 자체로서 옛 에온과의 경계 설정 안에서 인식될 수 있는 지는 의문의 여지를 남긴다. 어떻게 하나님은 역사를 단지 계속 진행되도록 하는 대신에 변화시키는가? 여기서 역사 안에서 하나님의 활동은 여전히 불투명하게 규정된다. 하나님이 세상을 그것의 자율성에 내 버려주지 않고 그 자율성 안에서 활동하려고 해도 하나님은 율법의 정치적 기능과 함께 역사 안에서 여전히 익명적이다.

에온적 긴장은 양심과 자연법으로 대표되는 규범적 요청

---

[348] 앞의 p. 138의 (2)를 참고하시오.

들에 영향을 준다. 틸리케는 양심을 인간에게 깨어진 괴리의 상징으로 이해한다. 하나님과의 교제를 생각나게 하는 양심은 인간이 모든 지식에 있어서 함께 아는 존재를 가지고 있음을 의미한다. 따라서 양심안의 괴리는 지식의 주체로서 인간과 함께 아는 존재로서 하나님 사이의 괴리를 표현한다. 그 때문에 선한, 중립적 양심이 아니라 위로받은 양심이 존재한다. 틸리케는 양심을 자신과 하나님 사이에서 일어나는 고발과 변호의 적대관계 속에 정초시킨다. 양심은 하나님의 율법이 잘못된 안전, 곧 "너는 해야 하기 때문에 할 수 있다"는 환상을 뒤흔드는 것으로 이해되는 한 하나의 "한계개념"이다.

자연법도 새로운 현실이해를 통해서 의미변화를 일으킨다. 틸리케는 자연법을 윤리 이론의 출발점으로 삼으려는 모든 시도를 거부한다. 자연법적 사고가 전제하는 "존재질서"는 타락을 통하여 깨어졌기 때문에 인간은 역사 질서 안에서 자연법을 인식할 수 없고 그것에 따라 행동할 수도 없다. 이러한 사실은 부정적인 형식 속에서 역사의 타락을 고려하는 십계명 안에 포함된다. 따라서 타락 이후의 세상 속에서는 자연법이 아니라 "자연불법"이 문제다. 이렇게 자연법은 역사와 마찬가지로 그 자체로서 배경적인 인간이해에 종속되어 있다. 틸리케에게는 역사전체가 인간의 역사와 동일한 것처럼 인간의 본성과 자연의 본성 사이에는 근본적으로 차이가 존재하지 않는다.

두 에온 사이의 긴장은 인간이 결단해야 하는 구체적 상황을 새로운 차원으로 옮겨 놓는다. 그것은 그리스도인의 자신과의 관계, 이웃과의 관계 그리고 세상과의 관계를 규정한다. 에온 사이의 긴장은 확실하고 올바른 행동을 도출해낼 수 있는 원칙적인 기능성이 존재하지 않는 갈등 상활을 형성한다. 갈등 상황 혹에서 모든 행동은 타협의 성격을 갖는다. 틸리케에게 타협은 수평적 역사의 진행 안에서 에온적 긴장이 해소될 수 없기 때문에 불가능하면서도 필연적인 시도다. 말하자면 타협은 이 에온의 초인격적인 죄에 참여하는 것이다. 그것은 모든 결단과 행동이 용서를 필요로 한다는 것을 드러낸다. 인간의 타협은 오직 세상에 대한 순응을 의미하는 하나님의 타협을 통해서만 유지될 수 있다.

갈등 상황 속에서는 "일반사례"(Normalfall)가 아니라 "한계사례"(Grenzfall)가 중요한 문제다. 한계사례는 부정적인 면과 긍정적인 면을 동시에 가지고 있다. 부정적인 면은 한계상황이 인간으로부터 시작되는 역사의 죄를 묘사하며 이 죄가 하나님의 심판을 통해 강화된다는 사실 안에 존재한다. 긍정적인 면은 한계상황이 세상의 한 복판에서 약속 안에 나타나는 은총의 표시를 지니고 있다는 것을 의미한다. 따라서 한계상황은 위기와 구원의 연결점을 형성한다.

틸리케는 윤리적 결단이 오직 그때그때의 한계 상황 안에서 즉석 처리를 통해서만 가능하다는 것을 보여주려고 한다. 그에게 즉석처리는 성령이 절망적인 상황 속에서 있는 인간을 살창의 자발성으로 인도한다는 것을 의미한다. 그러나 그것은 규범윤리나 전통적인 상황윤리가 제공하는 결단의 양자택일을 표현하는 것이 아니라 성령의 인도가 인간실존의 전 영역과 그의 상황을 포괄한다는 의미에서 그 양자택일을 포함한다. 성령을 통한 즉석처리는 한계 상황 안에서 인간의 행동과 하나님의 뜻을 조화시킨다. 따라서 역사적 상황에 대한 신학적 해석은 전적으로 역사적 삶의 영역에 대한 근본적

질문인 성령에 대한 질문으로 귀착된다. 여기서 틸리케는 성령을 에온적 긴장과 그것에서 기인하는 갈등상황을 해결하는 현실성으로 이해한다. 성령은 타락한 에온의 비상질서 안에서 구원사적 지평을 연다. 그러나 틸리케는 성령을 통한 즉석 처리를 단지 개인적 차원에서만 다룬다. 이후에 그는 이러한 불명료한 개념을 성령이 불러일으키는 사회구조적으로 작용하는 사랑의 개념을 통해 전개시킨다.[349]

틸리케 윤리의 전체적 구조를 살펴보면 서로의 관련성이 모호한 비상질서 이론과 두 에온 이론이라는 겹쳐진 두 가지 중심주제의 윤곽이 드러난다. 인간이 윤리적으로 행동해야 하는 현실에 대한 해석을 한편에서는 율법의 정치적 기능과 타락한 세상에 대한 하나님의 자기적응을 통흐패서 시도되고 다른 한편에서는 한계 상황 안에서의 즉석처리로서 성령의 인도를 통해서 이루어진다. 이것은 틸리케의 윤리 안에 "역사와 실존"에서 출발하여 "교회와 사회"를 통해 발전되어 온 이차원적 역사구성이 여전이 작용하고 있음을 시사한다. 그러나 그는 이제 그의 교의학에서 만나게 되는 성령론적 역사해석을 도입한다.

---

349) 이후의 p. 178의 (4)와 p. 186의 (3)을 참고하시오.

제 5 장

성령활동의 수평적 확장 : 틸리케의 역사 신학적 구상의 성령론적 기초설정으로서 "기독교 신앙(1968-78)"

틸리케는 지금까지 역사 이해의 인간학적 배경으로써 연구 발전시켜왔던 것들을 그의 교의학의 중심 주제인 성령론 안으로 통합시킨다.[350] 그는 교의학에서 자신의 역사이해에 기초해있는 주제영역들을 성령론적 관점아래서 성찰하고 그럼으로써 역사 안에서 창조주 하나님의 활동과 같은 미해결의 문제들에 대한 대답을 시도한다.[351] 그의 교의학의 전체적

---

350) 틸리케는 그의 교의학을 시작하면서 다음과 같이 감회를 표현한다: "이제 교의학의 마지막 3권을 끝마치면서 나의 일생동안의 신학 저작들 중에서 가장 핵심적인 것을 이루어 냈다는 느낌이 든다… 이 책은 비록 "성령의 신학"이라고 제목을 붙이긴 했지만 과거에 어디에선가 언급되고 시도 되었던 것들에 대한 수정과 보완 그리고 완성이라고 할 수 있다."
H. Thielicke, Der Evangelische Glaube, Bd. Ⅲ. Theologie des Geistes, Tübingen, 1978, X

351) 지금까지 틸리케의 사고 안에는 역사의 두 차원 사이에 괴리가 존재한

구조는 내용적으로 형식적으로 하나의 "성령신학"(Theologie des Geistes)을 형성한다.[352]

틸리케의 교의학은 "관습적인 원리 이론"(Konventionelle Prinzipienlehre)이라기보다는 기독교 복음을 더 이상 이해하지 못하는 것으로 여겨지는 자율적이고 세속화된 상황을 향하고 있다.[353] 그는 바로 이 상황을 성령의 활동영역으로서 이해하려고 한다. 그의 교의학은 이미 "신학적 윤리"에서 가장 중요한 관심사였던 것을 계속해서 전개시킨다. 교의학과 윤리는 상황과 관련된 성령의 활동이라는 동일한 주제에 대한 서로 다른 편집과정이다. 틸리케는 그의 윤리에서 하나님의 의지와 역사적 삶의 영역 안에 있는 자율성 사이의 관계를 설명했던 것과 같은 차원에서 하나님의 말씀과 인간의 자율적 자기이해에 뿌리박혀 있는 현대의 세속화된 사고구조 사이의 관계를 성찰하려고 한다.[354]

틸리케 교의학의 서론은 신론이나 기독론 대신에 성령론으로 시작한다. 그 안에서 그는 원리이론이 아닌 성령 안에서의 사건으로서 하나님과 인간의 만남을 발전시킨다. 그리고

다. "역사와 실존"에서 역사의 두 차원은 인간이 하나님의 무조건적 요구에 직면하는 한 상황에서만 서로 교차한다. "신학적 윤리"에서 두 차원은 하나님의 순응을 통해서 역사 안에 나란히 된다. 여기서 하나님의 역사적 활동은 상당히 불투명하게 남아있다.

352) 성령론은 틸리케의 교의학의 서언 뿐 아니라 결론에도 나타난다. 이것은 그가 역사안에서 성령의 활동을 그의 교의학의 중심 주제로써 강조하려고 한다는 것을 의미한다.
353) Thielicke, Evangelische Glaube. Ⅰ. Prolegomena, Ⅱ.
354) 필자가 볼 때 틸리케의 윤리는 역사구조의 자율성에 대한 재조명이며 그의 교의학은 인간의 자율성에 대한 재조명이다. 둘을 인간과 역사적 삶의 영역의 "자존지향성"(Selbst-Sein-Wollen)을 인간과 역사 사이의 연대성의 증상으로서 확증하는 역사 신학적 구상안에 속해있다.

결론적으로 교의학의 다른 주제들은 여기에 근거해서 구성되어진다.

성령은 두 가지 관점에서 역사 안에 확장된다. 먼저 성령은 역사 인간학적 관점에서 새 창조의 기능을 수행한다.[355] 그는 인간의 새로운 정체성을 창조함으로써 "주관-객관"과 함께 "수동-능동"의 양자택일을 폐지시킨다. 그렇지만 성령은 단지 개체적 인간만을 행하지 않는다. 그는 역사의 구조 안에 형상화되면서 인간실존의 개인적 관계와 사회적 관계도 활성화시킨다.[356] 이와 같은 방법으로 성령은 역사의 진행 안으로 들어올 뿐 아니라 스스로 역사를 전개시킨다. 성령과 개인 사이의 관계는 방법론적으로 성령과 제도사이의 관계에 대입된다. 여기서 "인간-역사-모형"은 이제 틸리케의 초기 교회론과는 다른 방향을 갖게 된다. 교회론에서 하나님의 말씀은 간접적으로 개인을 통해 중재되어 이미 존재하는 사회구조 안으로 침투한다. 그러나 이제 성령은 개인들 사이와 개인과 사회 구조 사이에서 활동하면서 역사 안에 확장된다.

다른 한편에서 틸리케에게 성령론은 해석학의 분야이다. 성령은 미래적인 것과 마찬가지로 과거의 구원사건을 지금 여기서 현재화시키면서 모든 신학적 진술들 뿐 아니라 구원사의 시간적 부활을 연결시키며 통일시킨다.[357] 이것은 종말의 선취를 시사한다. "신학적 윤리"와 비교해 볼 때 현재와 미래 사이의 긴장은 새롭게 이해된다. 성령이 미래를 지금 여기서 개방시키기 때문에 종말은 단지 미래로부터 찾아오는 것이

---

355) Ibid, 232f.
356) Thielicke, Evangelische Glaube Ⅱ, Gotteslehre und Christologie, 48f.
357) Thielicke, Evangelische Glaube Ⅲ, 7f/ 94f.

아니다. 그것은 또한 현재 이미 일어난 것의 전개로써 이해될 수 있다. 틸리케는 이와 함께 현재적 종말론을 강조하면서 미래적 종말론을 배제하려고 시도하지 않는다. 두 종말론을 둘로 찢어 놓고 대립 속에서 해석하는 것은 틸리케가 볼 때 원칙에서 벗어난 것이다. 그는 성령이 야기시키는 역사 전개의 두 방향을 미래에서 현재로의 역사 전개 그리고 현재에서 미래로의 역사전개로서 설명하려고 시도한다.

틸리케는 자신의 성령론을 실존신학, 신 죽음의 신학과 같은 말씀의 수용자, 곧 신앙의 주체에서부터 출발하는 동시대의 신학적 조류에 대한 "반대명제"(Gegenthese)로써 확립시킨다. 그는 그러한 사고체계에 대하여 정반대의 방향을 제시한다. 인간의 의식이 말씀을 수용하는 대신에 말씀이 성령을 통해 인간에게 성취되고 그를 구원사건 안으로 편입시킨다. 성령은 인간의 정체성을 재구성함으로써 하나님과 인간 사이의 괴리를 다시 연결시킨다. 그 때문에 그것은 외부로부터의 정체성 변화라고 이해될 수도 있는 인간의식의 개혁이다.

이 장에서는 틸리케가 이해하는 성령의 본질로서의 기능이 그의 역사 신학과 연관되어 논의될 것이다. 그럼으로써 성령론이 그의 교의학과 신학 전반에 걸쳐서 어떤 의미를 가지며 또한 그가 어떻게 자신의 역사 신학을 성령의 관점아래서 발전시켜나가고 그와 함께 과거 저작에 나타나는 이차원적 역사 이해 안에 존재하는 종말론 문제, 역사 안에서 하나님의 활동, 하나님의 의지와 역사안의 규범성 사이의 괴리 등을 해결해 나가는지가 검증될 것이다.

1. 현재화의 능력으로서 성령 : 데카르트주의 신학의 노선에 대한 반대명제

(1) 현대신학의 표식으로서 데카르트주의

틸리케의 성령론은 동시대 신학과의 논쟁이다. 그는 그의 시대의 신학적 조류가 데카르트의 철학적 출발점인 "나는 생각한다. 그러므로 나는 존재한다."라는 명제가 암시하는 경험과 이해의 주체로서 "자아"(das Ich)에 기초를 두고 있다고 보고 그러한 신학적 경향을 "데카르트주의 신학"(cartesianische Theologie)이라고 부른다.[358] 틸리케는 그것을 현대신학의 가장 두드러진 특징으로 이해한다. 그는 신학에 있어서 "현대적", "보수적"이라는 표현을 부적절하다고 주장하며 그 대신에 "데카르트적", "비데카르트적"이란 용어를 사용하자고 제안한다.[359] 소위 현대신학은 과거의 진리를 현실화하는 작업을 포기하지 않는다.[360] 한편 "보수적"이란 개념을 신학적 성향에 적용시켰을 때 그것은 혁명적인 것에 대한 대립개념이 아니다.[361] 현대적인 신학과 마찬가지로 보수적인 신학은 과거의 것에만 집착하기보다는 현재와 관계를 가진다.[362] 여기

---

358) Thielicke, Evangelische Glaube. Ⅰ, 22f.
359) 틸리케는 그 이유를 다음과 같이 설명한다: "데카르트의 사상은 사실상 우리가 19세기 뿐 아니라 우리시대의 신학적, 철학적 식탁위에 차려졌다고 생각하는 모든 음식에 맛을 낸 소금과 같다." H. Thielicke, Glauben und Denken in der Neuzeit, Tübingen, 1983, 83.
360) Thielicke, Evangelische Glaube. Ⅰ, 15f.
361) Ibid, 20f.
362) Ibid, 21.

서 틸리케는 "보수적"이란 용어를 "경직화"(Erstarrung)와 동의어로 이해하지 않는다. 두 신학적 방향은 현재 안에서 복음의 새로운 해석이라는 공통적인 관심을 가지고 있다. 다시 말해 둘은 복음의 역사성에서 출발한다.

틸리케에 따르면 데카르트주의 신학은 복음의 수취인으로 믿고, 이해하는 "자아"에 집중한다. 다라서 그 신학에 있어서는 슐라이에르마허, 레싱 그리고 불트만이 그러했듯이 자아가 스스로를 복음에 동화시킬 수 있게 하는 "실존분석"(Existenzanalyse)이 중요한 주제가 된다.[363] 이런 의미에서 해석학이 핵심적인 과제로 등장한다. 그 때문에 틸리케는 자신의 성령론을 데카르트주의 신학의 관심에 대한 반대명제로써 해석학적으로 정초시킨다.[364]

(2) 비데카르트적 신학으로서 틸리케의 성령론

틸리케의 성령론은 데카르트주의 신학이 출발하는 실존분석과 방법론적인 전제들에 대한 반박이다. 틸리케에게 데카르트주의 신학의 출발점인 인간의 자아는 관계 개념이다. 그

---

363) Ibid, 24f.
364) Brandenburg는 틸리케의 "데카르트적", "비데카르트적" 구분을 너무 뭉뚱그려졌다고 본다: "데카르트를 현대 실존주의 사상의 대표자로 받아들이는 것은 의문의 여지가 많다. 그렇기 때문에 틸리케가 이질적인 요소들을 데카르트적 주체성의 개념아래 통합시키는 것은 무리가 있다. 주체성이란 중심개념 아래 모여진 다양한 개념들은 필연적으로 불명료해질 수밖에 없다. 이처럼 "데카르트적 사고"라는 개념 군이 이미 통일성을 갖지 못하면 그것의 대립 개념인 "비데카르트적 사고"는 말할 것도 없다. 여기서 독자들은 둘 사이를 쉽게 구별하지 못할 것이다." A. Brandenburg, Thielickes neue Dogmatik, in : Catholica 22, 1968, 312.

것은 하나님과의 온전한 관계 안에 존재하며 이 관계는 무엇보다도 인간에 대한 하나님의 관계에 기초한다. 인간은 하나님이 그와의 관계 안에 존재하려고 하는 한 하나님과 관계를 맺고 있다. 따라서 인간의 자아에 대한 진술은 하나님에 대한 진술을 전제하며 거꾸로의 방향은 성립될 수 없다.

  이러한 입장은 역사 신학적으로 확충된다. 지금까지 우리가 성찰해온 것처럼 틸리케에게 역사는 보편적인 원리 아래 종속될 수 없는 "개체화의 영역"(Bereich der Individualisierung)이다. 성령은 현재 안에서 과거적인 것과 미래적인 것을 현재화하면서 시간적이며 역사적인 개별화를 수행한다.[365] 여기서 현재화는 무시간적 동시성이라기보다는 그대 그때의 현재 안에 "옛 진리"(alte Wahrheit)가 나타나는 것으로 의미한다.[366] 이와 관련하여 인간과 그의 역사에 대한 성령의 활동은 해석학적 의미를 가진다. 성령은 그 진리에 대한 재질문을 가능케 한다. 그는 인간을 이전의 사건과 관계시키면서 구원사를 항상 그에게 미리 주어져 있는 것으로 남아있게 한다.[367] 성령의 확증은 과거와 현재, 그리스도 사건과 신앙의 관계에 대한 진술을 포함하며 또한 그것과 함께 인간에게 일어나고 미리 주어진 것에 대한 자기이해와의 관계, 다시 말해 데카르트주의 신학의 핵심이 되는 "동화"(Aneignung)의 문제에 대한 진술을 포함한다.

  이런 맥락에서 틸리케는 성령론에 특별한 가치를 부여

---

365) Thielicke, Evangelische Glaube. Ⅰ, 148f.
366) 틸리케에게 옛 진리는 그리스도 사건에서 뚜렷하게 나타나는 하나님의 본래적인 의지를 의미한다.
367) Ibid., 167f.

한다. 부정적인 관점에서 성령론은 인간이 이미 주어진 구원사건과 관계할 수 있는 능력을 갖고 있지 않다는 사실을 드러낸다. 오직 성령만이 그리스도 사건을 "재현하며"(reproduzieren) 그것을 과거에서 현재로 가져온다. 긍정적인 관점에서 성령은 인간의 이성능력을 말씀의 자기 확증으로 향하게 한다. 그는 이와 같이 인간을 과거와 미래의 구원사건 안으로 포함시킨다. 이러한 성령의 역할은 인간을 위해 존재하려는 하나님의 의지에서 유래한다.[368] 성령 안에서 인간의 실존은 하나님의 존재 방식이 된다. 따라서 성령의 활동을 체험한 인간의 자아는 오직 하나님의 관계 설정을 통해서만 이해될 수 있다.

틸리케에 따르면 성령의 활동은 하나님의 관심을 선포하는 말씀을 통하여 인간에게 도달한다. 인간은 성령이 그에게 그 말씀을 열어 보임으로써 자기 자신을 체험한다. 이러한 성령의 해석학적 기능은 인간을 그와 함께 하는 하나님의 역사 안으로 들어가도록 인도한다.[369] 여기서 성령은 현재화를 개인적으로 성취시킨다. 그러나 성령은 또한 과거와 미래로써 수평적 시간 연장을 현재 안에 지속시키면서 역사를 움직이고 이 역사를 인간에게로 인도한다.

성령은 인간을 그의 자기이해에 머무르지 않고 그에게 역사적으로 일어난 것을 바라보게 한다. 성령은 인간을 밖으로부터만 규정하면서 그의 자기 이해를 무시하는 것처럼 보일 수 있기 때문에 그렇다면 어떻게 인간이 그러한 통찰력을 갖게 되고 역사적으로 일어난 것 안에서 스스로를 발견할 수

---

368) Ibid, 174.
369) Ibid, 175f.

있는가 하는 질문이 제기된다. 만일 인간의 자아가 자신을 떠나 "밖에 있는 말씀"(verbum externum)을 향하도록 요구된다면 성령이 그 자아와 연결될 수 있는 방법이 제시되어야 한다.[370] 틸리케는 비록 성령의 활동 안에서 먼저 주어진 인간의 자기이해가 지속적으로 회복되어야 할지라도 그것을 데카르트주의 신학과는 전혀 다른 방향에서 이해한다. 그는 이것을 "정언적 명령"(kategorischer Imperativ)과 "잃어버린 아들의 비유"(Gleichnis vom verlorenen Sohn)를 통해서 설명한다.

틸리케에 따르면 인간의 윤리적 행동구조는 자율적 인간의 실존구조를 궁극적 표준으로 삼고 있는 "정언적 명령" 안에서 그 고전적 형식을 갖는다. 여기서 중요한 것은 만일 하나님이 율법을 규범으로써 의지 안으로 들어가게 한다면 정언명령이 모든 규범을 의지 안으로 수용해야 한다는 사실이 과연 그 율법을 위한 접촉점으로 인정될 수 있는가의 문제다. 틸리케는 정언 명령의 형이상학적 전제인 "너는 해야 하기 때문에 할 수 있다"라는 명제 안에서 이 문제의 해결을 찾지 않는다.[371] 그에 다르면 성령은 당위와 능력 사이의 조화를 파괴시키면서 자연적 인간, 곧 "옛 사람"에게 다가가기 때문에 하나님의 율법은 그러한 전제에 상응하지 않는다.[372]

틸리케는 그의 초기 역사신학의 "연대성 개념"을 성령론

---

370) 이와 관련하여 Brandenburg는 성령을 통해 형성된 새로운 자아와 옛 자아 사이의 관계 안에는 논리적 모호성이 존재한다고 틸리케는 비판한다. 왜냐하면 틸리케는 한편에서는 데카르트적 자아의 극복을 그리고 다른 한편에서는 이 자아와 성령의 연결을 설명하려고 하기 때문이다. Brandenburg, op.cit., 306f.
371) Thielicke, Evangelische Glaube. Ⅰ, 182.
372) 하나님의 명령의 이러한 특징에 관해서 앞의 p. 21의 (1)을 참고하시오.

적으로 발전시킨다.[373] 성령은 인간을 하나님의 무조건적 명령 아래서 인식되는 이 에온과의 연대성의 한 복판에서 그 연대성으로부터 자유하게 한다. 틸리케는 정언명령의 대전제를 현실이 아니라 연결점 대신에 하나님의 율법과 인간 실존 사이에 단절의 벽을 세우는 하나의 환상으로 간주한다. 성령은 인간의 자율성 안에 있는 환상-"너는 해야 하기 때문에 할 수 있다."-이 신율의 현실-"너는 해야 한다. 그러나 너는 할 수 없다."-에 부딪쳐서 사라지는 곳에서 인간과 연결된다.[374] 인간은 그의 환상적인 실존을 변화시키는 성령의 현실을 먼저 경험할 때 비로소 자신의 현실을 경험한다. 여기서 연결점의 문제는 비본래적이지만 필수적인 주제다.[375]

틸리케에 따르면 예수의 "잃어버린 아들의 비유"에 표현되는 동일한 연결의 변증법은 아들의 정체성이 아버지의 기억 안에 있다는 것을 보여준다. 이것은 인간 자아의 정체성이 하나님의 정체성과 신실하심 안에 존재한다는 것을 암시한다.[376] 여기서 틸리케는 인간의 정체성을 옛 자아와 새로운 자아 사이에서 연속성을 갖는 그의 "대화능력"(Ansprechbarkeit)으로 이해한다. 이 대화능력은 그의 "언어능력"(Wortfähigkeit)과 "책임성"(Verantwortlichkeit)이 아니라 하나님의 창조적 말씀에 기초한다.[377] 이처럼 틸리케는 데카르트주의 신학에서처럼 인간의 자연적 자의식을 신학적 방향제시의

---

373) 앞의 p. 17의 1을 보시오.
374) Thielicke, Evangelische Glaube. Ⅰ, 188f.
375) 틸리케는 결국 하나님과 인간 사이의 연결점을 인간 편에서가 아니라 성령 안에서 찾는다.
376) Ibid, 190f.
377) Ibid, 196f.

장소로서 전제하는 대신에 성령의 활동으로부터 그 자의식을 조명한다. 만일 인간의 역사가 성령의 역사 안에 포함된다면 인간의 자의식은 하나님과 인간 사이의 관계를 위한 전제가 될 수 있다. 하나님과 인간 사이의 관계는 두 방향을 가진다. 하나는 인간을 향한 하나님의 관계이고 다른 하나는 하나님을 향한 인간의 관계다. 후자는 전자를 전제한다.

결국 틸리케에게 데카르트적인 "관계점"(Bezugspunkt)인 인간 자아의 정체성과 연속성은 내재적 본질이 아니라 성령안에서 현재화된 구원사건을 향해 열려있는 인간의 "외부적 본성"(Aussenschaft)이다. 이것은 한편 성령의 새 창조가 결코 "옛 자아"를 무효화시키지 않는다는 것을 암시한다.

2. 성령의 현재화의 수단으로서 말씀

(1) 인간학적 관점 : 옛 자아와 새로운 자아의 연속성 문제

새로운 자아에 대한 진술은 곧 성령의 활동에 대한 진술이다. 이 명제는 다시 변화시키고 새롭게 창조하는 말씀에 대한 질문을 함축한다. 틸리케는 성령을 전달하는 말씀을 "문자적 말씀"(Buchstabenswort)과의 대립 작용 속에 세운다.[378] 그는 이전에 하나님의 말씀을 심판의 기능(역사와 실존)[379] 속에서, 보존의 기능(교회와 사회)[380] 속에서 그리고 규정적 기

---

378) Ibid, 234f.
379) p. 21의 (1)을 보시오.
380) p. 65의 (3)을 보시오.

능(신학적 윤리)³⁸¹⁾ 속에서 표현했지만 여기서는 그 말씀을 교훈적 언어가 아니라 인간의 자아를 변화시키고 그것에 새로운 정체성을 부여하는 행동언어로 이해한다. 행동언어로써 성령은 항상 인간과 역사 밖에 존재하면서 그들 안으로 들어와서 그들을 변화시킨다.³⁸²⁾ 그럼으로써 인간의 의지는 하나님의 의지와 통일된다. 이제 인간은 이전에 당위로써 해야 했던 것을 자기 안에서부터 의지하고 또한 할 수 있게 한다.³⁸³⁾

인간 정체성의 지속은 성령과 관련된다. 틸리케는 새로운 정체성을 정적인(Statisch) 상태가 아니라 "성령의 과정"(Geist-Prozess)에서 유래하는 운동으로 이해한다.³⁸⁴⁾ 인간의 자아는 이 과정의 결과이기 때문에 중심 주제로 설정되지 않는다.³⁸⁵⁾ 성령의 과정은 말씀이 성령과 인간을 중재하면서 이루어진다. 인간의 정체성은 말씀을 통해 알려지는 성령 안에 있는 하나님의 활동의 가시적 열매다. 그 때문에 틸리케는 성령을 "하나님의 내적 행위"(opus internum Dei), 말씀을 "하나님의 외적 행위"(opus externum Dei)로 표현한다.

성령의 과정은 인간의 자아 안에서 육에서 영으로의 지배권의 전환을 초래한다. 새로운 정체성으로의 되어감(Werden)은 이 지배권의 전환에 기초한다. 그것은 인간의 자기전개가 아니라 성령이 인간에게 그리고 인간 안에 불러일으킨 것의 가시적인 부분을 의미한다. 정체성의 전환은 이와 같이 일어난다.³⁸⁶⁾ 틸리케에 따르면 그 되어감을 인간의 자아

---

381) p. 117의 (2)와 p. 122의 (3)을 보시오.
382) 이후의 p. 178의 (4)를 보시오.
383) Thielicke, Evangelische Glaube. Ⅰ, 237f.
384) 성령의 과정은 틸리케에게 성령의 활동과 동의어다.
385) Ibid, 239f.

안에 존재한다기보다는 그 자아를 변화시키는 성령으로의 회귀(Rückkehr)안에 나타난다.[387]

틸리케는 성령의 활동을 통해 "교회와 사회", "신학적 윤리"에서는 상당히 불투명하게 남아있던 역사 안에서 하나님의 행동을 강조하려고 한다.[388] 역사는 이제 타락한 세상의 자율성들과 타락을 통해 수정된 하나님의 의지라는 두 규범영역 안에서 규정되지 않고 성령의 활동영역으로써 나타난다. 그것은 곧 인간과 그의 역사의 변혁을 시사한다. 이와 관련하여 성령의 기능은 "역사와 실존"에서 무조건적 명령을 통해 표현되었던 수직적 역사의 기능을 넘겨받는다.

(2) 해석학적 관점

하나님의 행동언어는 데카르트주의 신학에서 말씀 해석의 권한을 가지고 있는 인간실존의 조건들을 성령의 기적을 통하여 변화시킨다.[389] 인간은 그 말씀을 해석하는 것이 아니

---

386) 틸리케는 이러한 정체성의 전환을 이미 윤리(p. 125의 (1))에서 언급했던 것처럼 양심과 하나님과의 상호관계 속에서 표현되었던 고발과 변호의 상호작용을 통해서 설명한다: "먼저 나의 육체적 실존 속에서 양심은 나를 변호하지만(Deus accusator, cor difensor) 나는 율법 안에서 하나님으로부터 고발당하는 대상이다. 그런데 이제 나의 양심은 나를 고발하지만 나는 나 자신을 변호한다.(cor accusator, Deus difensor)" Ibid, 257.
387) Ibid, 261f.
388) "교회와 사회", "신학적 윤리"에서 무조건적 창조의지는 변화되어 나타난다. 그 의지는 타락한 세상의 비상질서 안으로 들어오고 간접적으로 세상의 자율적 우너리들 안에서 표현된다. 이제 "기독교 신앙"에서는 단지 세상에 대한 하나님의 순응이 아니라 타락한 세상의 변혁이 중요하게 다루어진다.
389) Ibid, 275.

라 오히려 그것에 의해서 해석된다. 그는 성령의 "자기해석"(eigene Interpretation)을 경험하는 한 해석자가 된다. 인간은 이 말씀을 통해 대화의 대상이 되면서 그것을 이해한다. 하나님은 말씀 안에서 인간에게 말을 건네면서 스스로를 열어 보인다.[390] 따라서 해석은 그러한 말 건넴의 후속적 성취다. 틸리케에 따르면 해석은 데카르트주의 신학에서 인간 자아의 "동화"(Aneignung)에 기초되는 것과는 대조적으로 성령활동에 대한 재질문으로써 설정된다.

틸리케의 성령론적 해석학은 말씀 안에 함축된 진리와 연관된다. 그는 진리를 인식이론의 관점에서 이해하지 않는다. 왜냐하면 성령의 해석학은 이해의 주체와 이해의 대상 사이의 "유비"(Analogie)를 전제하지 않기 때문이다. 틸리케에 따르면 이해는 이해의 대상이 자신관의 유비를 형성함으로써 이루어진다. 그러므로 인간을 진리와의 주어진 유비관계 속에 있지 않다. 오히려 진리가 인간을 진리안의 존재로 인도한다.[391] 틸리케에 따르면 진리는 일반적으로 세 가지 형식으로 규정될 수 있다 : "먼저 우리가 알 수 있는 진리가 있고 다음으로 우리와 관련된 진리가 있으며 마지막으로 우리가 이해하기 전에 먼저 우리를 이해하는 진리가 있다."[392] 틸리케가 이해하는 진리는 인간에게서 멀리 떨어져 있지만 인간을 알고 또한 말을 걸어온다.[393] 그럼으로써 진리는 인간과 교통한다. 여기서 진리는 이해의 대상으로서가 아니라 인격적 관계

---
390) Ibid, 276f.
391) Ibid, 278f.
392) Ibid, 279. 틸리케가 의도한 진리에 있어서는 세 번째의 형식이 중요한 의미를 가진다.
393) Ibid, 282f.

의 대상으로서 표현된다. 이 진리를 포함하는 말씀은 인간의 이해구조와 관계될 뿐 아니라 인간은 자기 자신을 이해하기 전에 먼저 그를 알고 있는 존재를 통해 교제 안으로 불리워진다.[394]

(3) 말씀과 성령의 관계정립

성령은 말씀과 인간의 자의식 사이의 관계를 근본적으로 변화시킨다. 성령은 말씀을 더 이상 인간에게 외부적으로 다가가는 문자로 머물러 있지 않고 마음 안에 새겨지도록 한다.[395] 그는 문자언어를 "행동언어"(Tatwort)가 되게 한다. 그럼으로써 말씀은 영을 함축하게 된다. 행동언어는 틸리케의 말씀이해에 있어서 하나의 새로운 방향을 형성한다. 말씀은 더 이상 요구하거나 심판하지("역사와 실존") 않고 수정되지("교회와 사회") 않으며 인간에게 행동하면서 작용한다. 말씀은 자신과 인간사이의 유비를 설정하면서 인간에게 동화된다. 이 말씀은 인간에게 구원사건에 대하여 깨닫게 할 뿐 아니라 그 사건자체를 인간에게 성취시킨다. 그럼으로써 말씀은 하나님의 뜻과의 일치를 가능케 한다.

틸리케에 따르면 말씀과 성령은 서로 구별되지만 나누어질 수는 없다. 그는 말씀을 단순히 "성령체험"(Geistgewinn)의 수단으로 이해하지 않는다. 말하자면 성령이 말씀을 통하여 전달된다는 사실은 성령이 말씀을 단지 해석하고 그럼으로써 그것을 인간에게 동화시키는 것이 아니라 인간이

---

394) Ibid, 285.
395) Evangelische Glaube, Ⅲ, 130.

말씀과 그 말씀에 의해 재현되는 구원사건 안으로 불리워진 다는 것을 의미한다.[396] 그런 의미에서 성령은 말씀 안에 함축되어 있는 것을 외부로 드러낸다. 틸리케는 이러한 말씀과 성령의 상호작용을 통해서 데카르트주의의 말씀이해 안에 있는 오류, 곧 인간 자의식의 "자족성"(Autarkie)을 비판한다. 말씀은 하나님의 현존의 구성적 방식이며 성령은 그 현존의 능력이다.[397] 하나님은 말씀을 통해 성령 안에 현존한다.

(4) 성령과 역사

지금까지 틸리케의 성령론은 일방적으로 인간론적 영역에서 다루어지는 것처럼 보인다. 그 때문에 성령론이 그의 초기 저작들에 나타나는 역사 신학적 관심을 인간론의 방향으로 밀어붙이는 것이 아닌가 하는 의혹이 제기된다. 이러한 반론은 그가 교의학을 무엇보다도 신학적 실존주의와 노선을 같이하는 데카르트주의 신학과의 논쟁 속에서 발전시킨 불가피한 결과다.[398] 그렇다면 그의 서술이 개인적 관점에 집중되는 것은 있을 수 있는 일이다. 한편 그는 시종일관 성령의 역사적 활동을 강조한다. 사실상 그의 교의학에서 이차원적 역사구조 안에 있는 수직적 차원은 더 이상 나타나지 않는다. 성령에 의해서 실현되는 하나의 역사만이 존재한다. 그는 그의 교의학 2권의 계시 개념에 나타나는 말씀이해를 통해서 이

---

396) Ibid, 132. 이러한 해석은 "우리 안에 있는 그리스도"와 "그리스도 안에 있는 우리"의 이중형식에 상응한다.
397) Thielicke, Evangelische Glaube Ⅱ, 49f.
398) Ibid, 48.

러한 관심을 발전시켜나간다.

　　성령의 활동은 행동언어가 역사적으로 전달되는 한 역사성을 갖는다.[399] 행동언어는 하나님의 역사적 활동 속에서 인간을 만난다. 성령은 역사구조를 형성하고 그 안에서 활동함으로써 하나님의 창조행위를 나타낸다.[400] 따라서 역사질서는 성령활동의 형식이 된다. 틸리케는 이것을 교회론 적으로 설명한다.[401] 교회는 하나님과 인간의 교제를 대표할 뿐 아니라 신자들의 교제로서 표현된다. 여기서 틸리케는 교회를 성령을 통해 형상화되는 역사구조로써 이해한다. 그럼으로써 그는 자신의 초기 교회개념을 성령론적으로 수정한다. 그는 "교회와 사회"에서 교회를 전적으로 하나님과 개인 사이의 교제로써 서술하였다. 그러나 이제 교회는 "성도들의 공동체"(communio sanctorum)로서 성령의 활동 안에 기초한다. 말하자면 틸리케는 교회의 수평적 관점을 강조한다. 교회의 수평적 형상화는 그가 지금가지는 수직적 역사 안에서만 명시했던 하나님의 창조적 활동성이 성령을 통하여 수평적 차원에 나타나고 있다는 것을 의미하기 때문에 그의 역사 신학적 발전과정에 있어서 의미심장한 역할을 수행한다. 성령은 역사 안에서 하나님의 창조행위이다. 단지 인간만이 교회 안에서 성령을 받는 것이 아니라 교회 자신도 스스로를 성령으로부터 얻는다. 이와 같이 성령은 역사질서를 형성시킬 뿐 아니라 그 안에서 활동한다.

　　따라서 역사의 구조는 창조의 영의 자기 확증이며 역사

---

399) Ibid, 49f.
400) Ibid, 53f.
401) Ibid, 50.

안에서 그 영의 "형상화"(Gestaltwerdung)로 이해할 수 있다. 이와 관련해서 성령의 형상화가 자율적인 역사과정과 역사구조 안에서 어떤 의미를 가지는가의 문제가 제기된다. 틸리케는 역사질서와 더 이상 타락한 세상을 통해 수정된 하나님의 의지를 함축하는 비상질서로써 나타나지 않고 역사 안에서 하나님의 창조주로서의 활동을 드러낸다고 강조한다. 그러나 그는 역사질서를 영적인 말씀 안에 있는 하나님의 창조행위와 나란히 존재하는 "두 번째의 계시의 원천"으로 보지는 않는다. 그는 이것을 "민주주의의 사례"를 통해 이중적 관점에서 설명한다.[402]

첫째로, 정치구조인 민주주의는 자기 자신으로부터 그 기능을 수행하지 않으며 오히려 성령이 이 구조 안에 형상화된다. 틸리케가 볼 때 이웃의 존엄성에 대한 인식이 민주주의 안에 기초되어 있다. 이웃의 존엄성은 다름 아닌 성령이 부여하는 기독교적 자유에서 유래한다.[403] 민주주의는 역사 안에서 성령의 활동의 형식으로 표현된다. 그것은 인간의 존엄성을 전체주의 국가로부터 보호한다. 한편 전체주의 국가는 역사 안에서 반창조적 질서를 나타내는 예증적 사례이다. 틸리케는 과거에 비상질서 개념을 통하여 반창조성 안에서 창조의 보존을 설명했던 것과는 대조적으로 민주주의 안에서 성령의 활동을 통하여 타락한 피조물에 대한 하나님의 "대항"(protest)을 강조하려고 한다.

둘째로, 틸리케는 역사구조의 독립성에 대하여 세 가지

---

402) 틸리케에 따르면 민주주의는 정치적, 사회적, 문화적 삶에 있어서 다양한 구조적 현상들을 대표하는 예증적 사례를 형성한다.
403) Ibid, 55.

반론을 제기 한다.

a) 만일 민주주의 같은 역사구조가 영적인 말씀과의 관계 안에 있지 않으면 그것은 본래 하나님을 향해 있던 구약성서의 율법이 율법주의 속에서 자기목적으로 왜곡된 것처럼 율법적 기능을 수행하게 되고 구원사적인 의미를 상실한다.

b) 그럼으로써 민주주의는 이데올로기화되고 성령의 활동으로부터 단절된다.[404] 이처럼 성령과 역사구조의 관계는 성령과 개인의 관계에 상응한다. 성령을 인간의 인격에 대응하여 존재하는 것처럼 역사와 그 질서에 대응하여 존재한다. 여기서 틸리케는 말씀 안에서 작용하는 성령은 그것이 역사 구조 안에 활동하는 한 결코 형태가 없이 그 구조와 융화되지 않는다는 것을 강조한다.

그렇다면 성령이 역사구조와 어떻게 관계하는가하는 질문이 제기될 수 있다. 틸리케는 이 관계 규정안에서 하나의 근본적인 원리를 발견한다. 이것은 개인적으로 만이 아니라 구조적으로 작용하는 "사랑의 원리"(Prinzip der Liebe)이다.[405] 성령은 제도적으로 작용하는 사랑의 근원이다. 성령이 인간을 응답적 사랑으로 해방시키면서 그는 또한 이웃의 존엄성을 항상 위협하는 구조적 힘들을 볼 수 있는 눈을 열어준다. 이것은 제도를 변화시키는 성령의 활동을 시사한다. 인격의 변화와 제도의 변화는 성령의 작용을 통해 서로 연관된다.[406] 이

---

404) Ibid, 56f.
405) 틸리케는 이러한 사랑의 관점을 성령의 교회 설정 기능 안에서 계속 발전시킨다. 이후의 p. 186의 (3)을 참고하시오.
406) 이런 의미에서 틸리케는 kohnstamm이 자신의 논문, "역사구조가 회개할 수 있는가?"을 비판하면서 사용했던 "제도적 사랑"(love in structures)의 개념을 성령론안으로 수용하면서 kohnstamm의 비판에 대해 대응한다.

와 함께 틸리케는 역사구조가 아니라 성령이 인간의 의식체계를 형성시킨다는 것을 확언하려고 한다. 따라서 자의식은 성령을 통해 전달되는 역사의식으로 이해될 수 있다.

구조적으로 작용하는 사랑은 틸리케의 역사 신학적 발전 과정에 있어서 의미심장한 변화를 보여준다. 그의 초기 교회론에서는 개인이 하나님의 말씀과 사회를 중재했지만 이제는 성령이 개인과 사회구조 사이에서 작용한다.

3. 성령론적 관점에서 본 틸리케의 인격개념

(1) 관계구조로서 인격

틸리케는 인격을 유아론적(solipsistisch) 현상으로 오해할 여지가 있지만 종속될 수 없는 개체성으로 규정한다.[407] 그것은 어떤 교제의 일원이 되는 것을 의미한다.[408] 다시 말해서 그것은 특정한 관계를 전제한다. 인격이란 용어가 하나님에게 적용되면 그것은 하나님의 인간에 대한 관계를 나타내며 인간에게 적용되면 인간의 하나님에 대한 관계를 나타낸다. 틸리케는 인격을 하나님이나 인간을 표현하는 모형으로 삼으려는 시도를 포기한다. 인격은 말하자면 내부적인 자질이 아니라 외부적인 자질이다. 그것은 관계성 안에서 표현된다.

이제 틸리케는 자신의 새로운 인격-구조 모형을 통해 kohnstamm의 일방적 견해를 비판할 수 있게 되었다. 앞의 p. 71의 120 각주를 참고하시오.
407) Evangelische Glaube, 123.
408) Ibid, 178.

틸리케는 자신의 인격이해를 요한복음에 나타나는 그리스도의 자기진술 안에서 설명한다. 그에 따르면 그리스도의 자기 진술 안에는 하나님-인간, 인간-하나님의 이중적 관계가 나타난다.[409]

한편 인간의 하나님에 대한 관계는 다음과 같은 그리스도의 말씀에 기초 한다:

"아들은 아무것도 자기 스스로 할 수 없다(요 5:19, 30).

틸리케는 이미 자신의 윤리에서 이러한 사고의 구조를 형성하였다. "신학적 윤리"에서 아들의 믿음(롬 3:22-26)은 주격의 소유격(genetivus subjectivus)으로 이해된다. 이것은 다음과 같은 의미를 가진다:

"나는 예수 그리스도가 믿으며 또한 그럼으로써 나의 믿음의 원형으로 나타난다는 사실을 통하여 새로운 삶을 얻게 된다"(Theologische Ethik Ⅰ, 930).

하나님과 인간의 이중적 관계는 요한복음의 그리스도가 한편으로는 아버지를 통하여 존재하고 다른 한편으로는 아버지와 동일하다는 의미에서 특정한 "역설"(paradoxie)을 포함한다.[410] 하나님은 아들을 통하여 임마누엘로써 규정된다는 의

---

409) 하나님의 인간에 대한 관계는 그리스도의 대제사장적 기도에 표현된다. 그리스도는 자신이 아버지와 하나인 것처럼 자신의 무리들이 자신 안에서 서로 하나가 되기를 기도한다. 그 때문에 그리스도가 아버지 없이는 아무것도 할 수 없는 것처럼 그리스도인들은 그리스도 없이 아무것도 할 수 없다. 이와 같이 그리스도의 인격에 있어서 내재적 삼위일체의 관계 외에 하나님의 인간에 대한 관계 그리고 그것으로부터 인간들 사이의 관계가 역할을 감당한다.
410) cf, "나를 믿는 자는 내가 아니라 나를 보내신 자를 믿는 것이다."(요 12:44) "나를 보는 자는 아버지를 본다."(요 14:9)

미에서 인격이며 인간은 아들을 통하여 아버지에 대한 자신의 "하나님 형상"이 회복된다는 의미에서 인격이다. 이와 같이 틸리케의 인격개념은 본질적으로 기독론 적으로 규정된다. 그리스도부터 인격 존재로서 하나님과 인간에 대한 진술이 가능하게 된다.

틸리케에게 인격은 하나님과 인간의 관계가 말씀을 통해 중재되기 때문에 또한 언어능력(wortfähigkeit)을 전제한다. 하나님은 인간에게 말을 건네면서 그와 관계하며 이것을 인간의 언어능력과 함께 대화의 능력(antwortfähig) 그리고 "책임성"(verantwortlich)을 의미한다.[411] 말씀을 통해서 하나님과 인간은 인격으로서 서로 관계한다. 인격은 "대화적 연대성"(dialogische Solidarität)을 형성한다.[412]

틸리케는 이러한 인격의 대화적 성격을 이름의 기능을 통해서 설명한다.[413] 이름의 기능은 그것이 "자기안의 존재"(Sein-in-sich)가 아니라 "지향적 존재"(Sein-für)를 나타낸다는 의미에서 인격의 본질에 상응한다.[414] 그는 하나님의 이름 전달이 "자기 정의"(selbstdefinition)가 아니라 인격간의 행위라는 것에서 출발한다. 이름전달을 통하여 하나님은 스스로를 계시하며 인식시킨다. 이름은 말하자면 특정한 "교통"(kommunikation)을 전제한다.

인격 개념은 독립적으로 하나님의 본질이나 인간의 본질에 적용될 수 없다. 틸리케는 이렇게 해서 인격개념을 고립된

---

411) Ibid, 127.
412) Ibid.
413) Ibid, 130f. 틸리케는 히브리어로 이름을 의미하는 "schem"을 인격으로 번역한다.
414) Ibid, 133.

것이 아닌 대화적, 관계적 개념으로 강조하려고 한다.

(2) 인격으로서 성령

틸리케에 따르면 인격으로서 성령의 역사적 현존은 기독교적으로 표현될 수 있다.[415] 그럼으로써 그는 "신학적 윤리"에서 기독론적으로 전개시켰던 종말론을 성령론적 관점에서 규정하며 발전시킨다. 두 가지 관점을 종말의 성취와 관련된다. 인간이 그리스도 안에서 새로 도래한 에온에 참여한다는 틸리케의 주장은 인간이 성령 안에서 언젠가는 그에게 온전하게 주어져야 하는 것의 보증금을 이미 소유하고 있다는 것을 의미한다.[416] 성령의 현재화 안에서 에온의 전환과 함께 실존의 전환이 일어난다. 성령 안에 있음은 더 이상 옛 에온 아래서 있지 않음을 의미한다. 성령은 그리스도 사건이 다가오는 에온을 지금, 여기서 현존하게 하는 것처럼 인간을 이미 그의 옛실존 안에서 새 에온 시민이 되게 한다. 여기서 틸리

---

415) 성령의 기독론적 결합은 세 가지 관점에서 증명 된다: 첫째로 예수 그리스도의 세계는 그 자신이 유일한 성령의 소유자라는 것을 보여준다. 다음으로 나사렛에서 예수의 말씀에서 세례시의 성령 수여는 다시 언급되며 그와 함께 영적인 말씀이 예수의 보내심과 예수 자신을 통해 성취된다는 사실이 강조된다(눅 4:18f). 마지막으로 하나님 통치의 도래를 알리는 마귀를 쫓아내는 사역은 그리스도가 하나님의 손으로 마귀의 권세를 깨뜨리는 것으로 묘사된다(눅 11:20). 이러한 하나님의 손에 대한 서술을 이후에 예수가 마귀를 쫓아내는(마 12:28) 수단이 되는 하나님의 영에 대한 암시 속에서 그 의미가 전환된다. 성령의 현존은 역사 안에서 활동하여 자신의 아들 안에서 작용하고 그 아들로 하여금 자신의 신적인 주권에 참여하도록 하는 하나님 자신의 현존이다. Evangelische Glaube III, 48.
416) Ibid, 42f.

케는 그리스도의 "내주"(Einwohnung)와 그리스도 안의 내주의 변증법을 성령과 인간의 관계에 적용시킨다. 성령 안에 거한다는 것은 그리스도와 그의 활동 안에 거하는 것과 유비적이다. 따라서 성령안의 실존은 막연한 신비적 통일성이 아니라 그 안에서 그리고 그를 통해서 현재화되는 구원사건에 편입 되는 것을 의미한다. 이런 의미에서 틸리케는 "안에"(in)라는 개념을 "통하여"(durch)라는 개념으로 대치할 수 있다고 본다.[417] 성령 안에 거하는 것은 다름 아닌 성령을 통한 그리스도의 현재화에 내 맡겨지는 것을 의미한다. 성령의 인격존재는 인간과 그의 역사를 향한 현재화 작용에 기초한다. 성령이 인간으로 하여금 그리스도의 인격존재에 참여하게 한다는 의미에서 성령을 인격으로 표현하는 것이 타당하다. 역사 안에서 성령의 활동은 하나님이 스스로를 인간에게 열어 보이는 그리스도 사건을 설명한다.

이런 의미에서 성령의 현재화는 무로부터가 아니라 타락한 피조물 한복판에서 성취되는 새 창조를 시사한다. 성령이 그리스도 사건을 현재화하면서 이 사건 안에서 시작되는 새 에온을 지금 현존하게 만든다. 여기서 틸리케의 사고에서 반복하여 나타나는 "지금 여기"와 "아직 아니" 사이의 종말론적 난처가 성령론적으로 해결되는 것처럼 보인다.

(3) 교회를 형성시키는 성령의 기능

틸리케는 성령의 역사적 기능을 교회론적 관점에서 구성

---

417) Ibid, 45f.

한다. 그는 그럼으로써 "교회와 사회"에서 표현된 자신의 초기 교회론을 수정한다. 그는 이제 교회를 더 이상 하나님의 명령과 개인 사이의 관계를 의미하는 역사의 수직적 차원 속에서 이해하지 않는다.[418] 성령은 구조를 형성하는 사랑으로서 작용하면서 교회를 세운다.[419] 따라서 교회는 그것의 구성원들 사이의 사랑이 아니라 사랑 안에서 전개되는 성령의 교회 설정행위 안에 기초한다. 이와 함께 틸리케는 "교회와 사회"에서 교회의 수직적 차원을 강조했던 것과는 달리 교회의 수평적, 제도적 차원에 관심을 가진다.

인간은 성령을 통하여 사랑하는 존재로서의 하나님을 인식하며 하나님과 이웃을 향한 응답적 사랑으로 자유케 된다.[420] 이와 관련해서 하나님의 사랑은 이중적인 의미를 가진다: "주격의 소유격의 의미에서 하나님으로부터 유래하는 사랑과 목적격의 소유격의 의미에서 하나님을 향하는 인간의 사랑"[421] 인간의 사랑은 교회의 전제가 아니라 응답적 운동으로써 나타난다. 이 운동은 성령을 통해서 신자들의 모임으로 연결된다. 인간의 사랑은 말하자면 성령이 교회를 기초하는 것에 따르는 뒷작용이다. 성령이 인간에게 이웃을 향한 시각을 열어 주면서 인간은 수평적 교제 안에 세워진다. 사랑이 이웃을 찾고 그럼으로써 교제를 이루기 전부터 그 사랑은 성령의 교제형성을 통해 이미 존재하는 교회 안에 있다.

---

418) 틸리케의 초기 교회론에서 교회는 하나님의 계명이 개인을 통해 사회 속으로 침투하는 한에서만 수평적, 사회적 기능을 수행하였다. 앞의 p. 65의 (3)을 보시오.
419) 이에 관하여는 앞의 p. 178의 (4)를 참고하시오.
420) Evangelische Glaube Ⅲ, 81f.
421) Ibid, 83.

성령이 사랑의 근거라는 틸리케의 명제는 성령이 당위와 의지, 옛사람과 새사람 사이의 괴리를 제거한다는 것을 의미한다 : "우리가 사랑하는 곳에서 우리는 해야 하는 것을 이제는 하고자 하게 된다."[422] 이러한 당위와 의지 사이의 일치는 어떤 정적인 상태가 아니다. 그것은 사랑이 하나님의 원초적인 행위라는 의미에서 종말론적인 성격을 가진다. 여기서 틸리케는 사랑이 심리적 현상이 아니라 성령의 기능임을 강조하려고 한다.

사랑은 성령의 활동을 통하여 조직적이며 정치적인 예방법의 목표를 포함한다.[423] 말하자면 사랑은 인간 삶의 인식 가능한 형식들만이 아니라 그러한 형식들이 생겨나는 상황들과 관계한다. 틸리케는 이것을 선한 사마리아인의 이야기를 통하여 설명한다. 이 비유에서는 단지 상처를 치료하는 것 뿐 아니라 상처를 방치하는 것이 중요한 문제가 된다. 성령이 인간에게 이웃을 향한 눈을 열어 보이면서 동시에 이웃의 존엄성을 위협하는 권세들을 볼 수 있게 한다.[424] 그럼으로써 성령은 하나님과 인간의 수직적 교제의 깊이 뿐 아니라 역사구조들의 넓이도 헤아린다. 성령 안에서 인간의 변화와 인간실존의 사회적 조건들의 변화는 동전의 앞뒷면과 같다. 그런 의미에서 사회구조의 변화는 사랑의 주제가 된다. 상처 입은 사람이 치유되는 것은 자기 스스로 통제되는 세계 현실이 아니라 성

---

422) Ibid, 86.
423) Ibid, 91.
424) 이러한 틸리케의 사고는 그의 초기 역사신학에서 표현되는 연대성 개념과 연결된다. 틸리케에게 인간실존은 역사구조의 본질이 그 실존에 대한 선 이해에 달려 있기 때문에 사회구조 그리고 그 안에서 인간의 역할과 분리될 수 없다.

령의 확증에 기초한다. 오직 이러한 관점에서만 우리는 사랑의 이름으로 세상을 변화시킬 수 있다.

4. 미래를 여는 하나님의 활동으로서 성령 : 틸리케의 종말론 문제

성령은 과거의 구원 사건과 함께 도래하는 하나님의 나라를 현재화시키면서 역사와 연결된다.[425] 틸리케는 이러한 성령의 현재화 안에서 실현된 종말과 도래하는 종말사이의 긴장을 해소시키려고 시도한다. 그는 오순절의 성령강림 안에서 이미 다가오는 하나님 나라의 열매들이 이미 맺어졌다고 본다. 그러나 그는 그럼으로써 미래적 종말론을 현재적 종말론으로 대치하려 하지는 않는다. 그가 조직적으로 사고하려고 하는 것은 두 종말론적 관심의 공존이다. 현재는 지금, 여기서의 성령체험을 통해 미래의 선취를 나타내지만 다른 한편에서는 이 미래를 향해있다. 성령은 새 창조를 일으킨다. 새 창조는 타락한 피조물을 폐기하는 것이 아니라 그 피조물 안에서 일어난다. 이런 의미에서 틸리케는 적어도 부분적으로는 "교회와 사회"에서 제기되었던 실현된 종말과 도래하는 종말 사이의 차이를 견지하고 있다.

틸리케는 성령활동의 시간적 구조를 탐구하면서 종말론 문제를 더 심화시켜나간다. 성령활동의 시간성은 성령 수여의 약속단계 뿐 아니라 그것의 선취상태 안에 존재한다. 성령은 현재화의 활동 속에서 미래가 성취된 현재의 전개라는 의미

---
425) Ibid, 94f.

에서 항상 종말론적으로 자신을 드러낸다. 여기서 틸리케에게 실현된 종말론과 도래하는 종말이 서로 어떻게 관계되는지가 여전히 불명료하다.[426] 따라서 역사는 밖에 서 있는 목표를 향해서 전개된다기보다는 하나의 "성장"(Wachstum)으로써 나타난다. 역사는 성령에서부터 그리고 성령 안으로 성장해 들어간다.

틸리케에 따르면 신약성서에 나타나는 미래적 종말론은 후기 유대교적인 묵시사상과 영지주의적인 구원 신화를 통해 규정되기 때문에 그것이 성취된 현재의 전개로서 이해되지 않는다면 본질적인 케리그마로부터 동떨어진 것이 되고 만다.[427] 그는 하나님의 나라가 성령의 현재성과 그리스도의 출현을 통해서 역사의 한 복판에 현존한다고 강조한다. 종말은 세상의 파멸이나 성령 활동의 완성으로 나타나지 않는다. 역사 안에서 도래하는 하나님의 나라는 창조와 마찬가지로 가리워져 있다. 역사는 도래하는 새 에온을 자기 안에서부터 형성할 수도 없으며 자기 안에 수용할 수도 없다. 새 에온이 옛 에온에 의해서 이해되는 것이 아니라 오히려 그 반대이다. 새 에온은 오직 기독론적, 성령론적으로 이해될 수 있다. 틸리케는 초대교회가 부활사건과 오순절 체험과 관련돼 미래 대망의 기독론적 기초로부터 활성화 되었다는 점을 강조한다.[428] 초대교회에 있어서 옛 에온에 속한 역사를 초월하는 부활사

---

426) 틸리케에게 있어서 이 관계규정은 기독론적으로 설명될 수 있다. 예수의 부활을 통해서(실현된 종말) 그의 재림의 의미(도래하는 종말)는 이미 성취되었다. 이러한 관계규정은 "신학적 윤리"에 나타나는 직설법과 명령법의 병존 문제(p. 108의 (2))와도 관련된다고 볼 수 있다.
427) Evangelische Glaube Ⅲ, 554f.
428) Ibid, 569.

건은 성령의 현존을 통해서 현실화 된다.[429] 이렇게 해서 종말의 도래는 이미 일어났다. 그렇다면 약속과 성취의 관계는 새롭게 이해되어야 한다. 약속은 기록된 예언으로써 나타나지 않는다. 약속과 성취 사이에는 연속성이 존재하지 않는다. 미래가 약속을 통해 명백해지는 것이 아니라 거구로 체험된 미래가 약속을 확실하게 한다.[430]

이렇게 틸리케는 성령을 통해 현재화되는 종말론적 약속을 도래하는 것에 대한 모든 대망들 중에서 가장 긴박한 것으로 간주한다.[431] 이런 의미에서 틸리케는 자신의 과거의 시간 이해를 수정한다. 역사는 타락과 심판 사이의 중간기로써만이 아니라 부활과 재림사이의 시간 연장으로 묘사된다. 성령이 과거의 구원사건과 함께 다가오는 그리스도의 통치를 현재화하기 때문에 종말은 현재의 확장을 의미한다. 이와 함께 시간관의 축소가 일어난다. 약속과 성취 사이에는 질적인 구별은 아니지만 시간적 거리가 존재한다. 약속의 영 안에서 성취되어오는 것과 성취해 가는 것이 통일된다. 이것은 현재화하는 성령활동을 통해서 그리스도의 부활이 재림의 전체적 의미를 이미 자기 안에 함축하고 있다는 것을 통해 논증된다. 따라서 역사는 성령을 통하여 현재에서 미래로 전개될 뿐 아니라 또한 미래에서 현재로 전개된다.

---

429) Ibid, 570.
430) Ibid, 571.
431) 여기서 틸리케는 "교회와 사회"에 나타나는 그의 선취적 심판개념, 다시 말해서 에온적 심판 상황과 종말 심판 사이의 관계 안에 존재하는 난제를 해결하고 있다고 볼 수 있다. 거기에 그는 역사적 재앙상황을 종말의 선취적 표징으로 해석하였다. 그러나 이제 종말은 성령을 통한 부활사건 안에 현존한다. 이런 의미에서 틸리케에게는 성령의 활동과 그리스도 사건이라는 종말론을 향한 두 가지 접근방향이 존재한다.

틸리케는 심판의 현재와 심판의 미래의 결합 속에서 표현되는 그의 초기 심판개념("교회와 사회")을 성령론적으로 수정하고 심화시키려고 하는 것처럼 보인다. 종말심판은 인간이 신앙과 불신앙의 양자택일에 있어서 불신앙을 선택하고 그럼으로써 그리스도의 구원능력으로부터 떨어져 나감을 통해서 현재적으로 성취된다.[432] 이러한 심판이해는 심판의 다른 차원, 곧 "자기 심판"(Selbstgericht)을 나타낸다.

심판은 이제 하나님으로부터 유래하지 않는다. 그럼으로써 틸리케는 종말이 어떤 긍정적인 의미를 지니고 있다는 것을 보여주려고 한다. 종말은 지금 여기서 성취된 것을 명백하게 드러낸다.[433] 종말은 우주론적으로 표현할 때 그리스도의 재림을 의미한다.

5. 요약 및 평가 : 성령의 활동 안에 있는 역사

틸리케는 그의 성령론을 인간의 자의식에서 출발하는 데카르트주의 신학과의 논쟁으로 이해한다. 그의 성령론은 인간 자아에 대한 성령의 활동에 기초하기 때문에 말하자면 비데카르트주의 신학의 성격을 띤다고 볼 수 있다. 하나님의 말씀이 동화되는 것은 인간의 자아가 아니라 오히려 거꾸로 성령이 그 자아의 구조를 자신과 유비적인 실존으로 변화시키면서 말씀 안으로 인도한다. 성령을 통해서 하나님의 말씀은 인

---

432) Ibid., 589.
433) 틸리케는 이미 그의 초기 역사신학에서 종말을 이미 일어난 양과 염소사이의 분리에 대한 확증으로 언급한 적이 있기 때문에 그의 종말이해는 본질적으로 수정되지 않은 것처럼 보인다. p. 38의 (2)를 참고하시오.

간에게 활동하는 행동언어가 된다. 여기서 말씀은 진술이나 해석의 대상으로 나타나지 않고 인간을 자신의 자기해석에 참여시킨다. 그러므로 해석은 성령활동에 대한 회상으로써 일어난다. 해석은 인간이 행동언어를 통해 재현되는 구원사건 안으로 불리는 것에서부터 출발한다. 틸리케에게 성령과 말씀의 관계는 모호하게 규정되기 때문에 성령의 기능과 말씀의 기능을 빈번하게 구별되지 않고 서술된다. 성령은 하나님의 현존의 능력이며 말씀은 하나님의 현존의 구성적 형식이다.

성령은 역사구조에 영향을 미치며 그 안에서 활동하면서 역사 안으로 뚫고 들어온다. 성령은 역사구조들 안에서 형상화 된다. 여기서 역사구조는 두 가지 의미를 가진다. 한편으로 그것을 역사의 타락을 표현하며 다른 한편으로는 성령의 자기 확증에 기여한다. 이러한 역사구조의 긍정적 기능은 구조적으로 작용하는 사랑을 통해 일어난다. 틸리케에게 그것은 교회론적인 기초를 가지고 있다. 성령은 인간을 응답적 사랑으로 자유케 하면서 교회를 형성시킨다. 성령은 이 사랑을 통해 인간을 수평적 공동체로써 교회가 필요로 하는 교제에 참여하게 한다. 여기서 교회는 이전에 "교회와 사회"에서는 하나님과 인간사이의 수직적 관계 속에서 표현되었던 것과는 달리 역사적 구조로써 나타난다. 그럼으로써 틸리케의 교의학 안에서의 성령론적 전환은 동시대 신학자인 몰트만이 인식했던 것과 같은 조직신학적 관점에 있어서의 변화된 입장을 보여준다.[434]

---

434) 틸리케의 성령론적 교회론은 몰트만의 교회론과 유사한 구조적 특징을 나타낸다. J. Moltmann, kirche in der kraft des Geistes. Ein Beitrag zur messianischen Eklesiologie, münchen, 1975, 53f.

성령이 도래하는 그리스도의 통치를 현재화하면서 에온의 전환이 일어난다. 성령의 내주는 다름 아닌 그에 의해서 현재화되는 새창조 안에 속하는 것을 의미한다. 이렇게 해서 성령은 에온적 긴장("신학적 윤리")을 해소한다. 종말론은 더 이상 하나님의 심판과 연관되는 것이 아니라 약속으로부터 전개되어 나간다. 이러한 종말론적 약속사건은 성령을 통해 이미 현실화된다. 따라서 역사는 성령을 통하여 현재에서 미래로 나아갈 뿐 아니라 미래에서 현재로 되어온다. 그렇다면 미래는 성취된 현재의 전개로써 나타난다. 그리고 종말은 현재 안에서 성취된 것을 검증한다. 틸리케의 교의학에서 역사의 타락은 더 이상 부각되지 않는다. 이와 같은 방법으로 틸리케의 역사이해는 점차로 심판의 시간을 나타내는 부정적 관점으로 고대하는 시간을 나타내는 긍정적인 관점으로 옮겨진다.

6. 결론적 성찰

틸리케에게 신학과 윤리는 신앙을 현실화하는 상호보완적 작업이다. 그는 이 작업을 역사 신학적 관점에서 인간실존을 규정하는 구체적 상황을 해석함으로써 전개시켜 나간다. 그에 따르면 역사성이란 인간실존의 포괄적 개념이다. 역사를 가진다는 것은 인간의 자기 이해와 자기 관계성에 대한 예증적 표현이며 또한 그와 함께 하나님 앞에서 인간의 독립성과 그로부터의 이탈 가능성을 함축한다. 신학이 인간을 죄인으로 규정하는 한 그를 역사적 존재로서 서술하지 않을 수 없다.

그 때문에 신학적 인간학은 엄밀히 말하면 역사 인간학이다.

그렇지만 틸리케가 다른 학자들처럼 포괄적인 인간학적 규정인 "문화적 존재"로서의 인간, "정치적 동물"로서의 인간 등의 전제조건에서 출발하지 않고 역사개념을 자신의 사고의 중심으로 삼은 것은 중요한 의미를 가진다. 그의 관심은 역사를 단순히 인간의 실존을 구성하고 있는 자율적 영역일 뿐 아니라 하나님이 스스로 인간의 자기 이해와 만나고 자신을 드러내는 장소로써 표현하는 것이다. 그래서 인간과 함께 하는 하나님의 역사의 빛에서 정의되고 해석되는 인간의 역사가 중요한 문제가 된다. 이와 관련하여 틸리케의 인간이해는 인간이란 무엇이며 무엇이 되어가는 가?의 질문보다는 그가 하나님 앞에서 어떤 존재이며, 어떤 존재가 되어야 하는가?의 질문에서 시작한다. 역사는 인간이 그 안에서 자율적 현실을 창조해내고 이러한 자율성들을 통하여 하나님의 계명아래서 끊임없이 한계를 체험하고 또한 하나님의 지속적인 창조적 활동을 통해서 변화되고 구원되는 과정이다.

이러한 인간의 활동과 인간에 대한 하나님의 행동의 변증법이 틸리케의 역사 신학적 분석을 규정한다. 지금까지 네 단계의 발전과정을 통해서 어떻게 틸리케가 이러한 입장을 관철시키고 다양한 주제들을 다루면서 수정하고 보완시켜나갔는지를 살펴보았다. 제1단계로써 틸리케가 자신의 박사학위 논문인 "구체적 상황의 본질"을 보완해서 서술한 "역사와 실존"(1935)을 다루었고 다음으로 "교회와 사회"(1947)에서는 인간 실존의 상황에 대한 관심이 교회론 적으로 심화되고 확장되어가는 과정이 서술되었다. 이 단계에서 역사와 종말론이 결합되기 시작하며 이러한 변화는 3단계인 "신학적 윤리"

(1951-1964)의 전체적인 구조를 형성한다. 마지막으로 그의 교의학인 "기독교 신앙"(1968-1978)에서 틸리케는 자신의 지금까지의 사상적 흐름을 통합적으로 수용하고 발전시켜나간다. 여기서 그는 교의학을 성령론적으로 구성하고 전개시키면서 그의 신학과 윤리의 출발점이며 목표인 역사 안에서 하나님의 활동을 성령론적 관점에서 새롭게 정초시킨다.

틸리케의 전체 저작들을 그의 역사 신학적 발전과정의 관점에서 성찰하면 타락한 피조세계(수평적 역사)와 하나님의 지속적인 창조행위(수직적 역사)라는 두 개의 서로 다른 출발점이 드러난다. 틸리케의 역사 신학은 본질적으로 이 두 구성요소의 상호작용을 통해서 규정된다.

틸리케는 그의 초기 역사신학에서 귀납적 방법을 적용한다. 말하자면 수평적 역사는 인간이 하나님의 무조건적 명령에 직면하는 구체적인 상황으로부터 해석된다. 이 상황이 역사 전체의 의미를 함축하며 모든 현실성의 의미는 하나님의 요구가 인간에게 부딪치는 한 점에 집약된다. 그렇지만 왜 틸리케가 결정적으로 역사에 관심을 가졌으며 실존적인 것 대한 관심보다는 "상황"과 "명령"개념 그리고 수평적, 수직적 현실의 교차영역을 통해서 역사 신학을 전개시켰는지는 분명하지 않다. 그 원인은 무엇보다 틸리케의 연대성 개념에서 찾을 수 있다. 그에게는 하나님과 인간이 인간적인 문화적인, 정치적인 그리고 경제적인 관계들을 떠난 직접성 속에서 이해되는 것은 무의미하다. 하나님 앞에서의 인간은 다름 아닌 그러한 사회적 관계들을 통하여 본질적으로 규정되는 존재이며 틸리케가 인간을 그의 역사와 연대적으로 이해했을 때 그것은 바로 이러한 사실을 전제하는 것이다.

그럼으로써 틸리케의 전체적 사상의 흐름을 짚어나갈 수 있는 하나의 근본적인 원리를 인식할 수 있다 : 인간에 대한 진술과 그것을 통한 신학적 인간학의 출발점은 초월적 추론의 방법이 될 수 없다. 틸리케는 데카르트적 방법론이든지 쉴라이에르마허적인 자의식 체계든지 모든 경험적인 인식 체계의 확실성을 거부한다. 오히려 그는 인간을 역사와 관련시켜서 이해한다. 그래서 인간실존의 전제조건인 창조와 타락 그리고 그것의 구성 형식과 표현 형식인 인간 삶의 자율성들이 역사의 의미를 드러낸다.

이러한 귀납적 방법론은 틸리케의 초기 교회론에도 구조적으로 동일하게 나타난다. 실존과 역사의 연관성은 이제 교회와 사회의 관계 규정에 적용된다. 교회는 하나님과 개인의 수직적 교제로부터 형성되며 이 개인은 교회의 사회적 기능을 수행한다. 틸리케의 교회론은 연역적 역사 성찰방법을 수용하면서 "역사와 실존"과 "신학적 윤리"의 연결고리를 형성한다.[435] 이것은 구체적인 무질서가 보편적인 에온 심판과 연결되어 있다는 사실을 통해 드러난다. 이렇게 해서 틸리케는 수평적 역사를 그 자체의 형식 속에서 사고하기 시작한다. 그는 이러한 관심을 비상질서 개념으로 구상화하였다. 말하자면 하나님이 역사의 타락 때문에 그의 원초적인 무조건적 의지를 변화시키면서 수직적 역사는 수평적 역사 안으로 들어온다. 그 때문에 절대적인 모습으로써가 아니라 구체적이며 현실적인 것으로써 역사 안에서 증명되는 하나님의 의지를 인식하는 것이 중요하다. 하나님은 세상을 넘어서가 아니라

---

435) 틸리케 교회론의 연역적 방법론은 그의 선취적, 보편적 심판 개념에 나타난다. p. 79의 1과 p. 87의 3을 참고하시오.

세상을 향하여 행동한다.

비상질서 이론은 "신학적 윤리"에서 계속 적용되며 두 에온 이론과 결합된다. 틸리케는 이제 인간이 윤리적으로 행동하는 구체적 상황을 연역적으로 에온 사이의 긴장으로부터 이해한다. 각각의 윤리적 상황은 에온적 갈등상황으로서의 역사를 반영한다. 계속되는 현재 세계와 새로운 세계의 도래 사이의 에온적 갈등은 하나님의 창조적 활동과 타락한 피조물 사이의 해소될 수 없는 모순을 배경으로 하고 있다. 그러나 여기서 어떻게 새 에온이 옛 에온과 연결되는 지는 불명료하게 나타난다. 이러한 에온적 사고는 이차원적 역사 이해가 변형되어 나타나는 것이라고 볼 수 있다. "역사와 실존"에서는 인간이 구체적 상황 속에서 하나님으로부터의 무조건적 요구에 직면하였지만 이제는 그 상황 안에서 성령의 행동이 인간에 의해서 "즉석처리"로써 경험된다. 이런 의미에서 귀납과 연역의 두 방법은 틸리케의 역사이해에 있어서 "구체화"의 방법을 위해 함께 적용된다.

틸리케의 교의학에서 이차원적 역사 성찰은 성령이 역사 안에서 활동하는 하나님의 능력으로 이해된다는 의미에서 약화되기 시작한다. 이와 함께 종말론과 하나님의 창조적 활동의 문제는 새로운 해결의 실마리를 찾는다. 성령은 과거의 그리스도 사건과 그의 미래적 통치를 현재화함으로써 구체적 상황과 역사의 전체적인 시공간의 확장 사이를 중재한다.

이러한 사고는 의심의 여지없이 틸리케의 초기적인 수평-구직 구조를 연상케 한다. 여기서 결정적인 사건이며 표준적인 상황을 나타내는 것은 성령을 통하여 구조적으로 작용하는 사랑으로서 역사의 전 영역에서 활동하는 그리스도의 현존이다. 여기서 분명한 것은 이전의 기술적인 개념조합들 (귀납-연역, 수평-수직)은 더 이상 논쟁의 여지를 남겨두지 않으며 그 자리에 기독론적, 성령론적 규정들이 등장한다는 점이다. 역사는 특히 "역사와 실존"에서 빈번하게 묘사되었던 것처럼 수평적 역사에 대립하여 수직적 역사가 하나의 표준으로서 존재한다고 신학적으로 해석되고 비판할 수 있는 미리 주어진 영역이 아니다. 역사는 본질적으로 그리스도의 현존 안에서의 새 에온의 도래를 통해서 규정된다. 여기서 새 에온의 도래는 더 이상 "역사와 실존"과 "신학적 윤리"에서처럼 무조건적 명령이나 에온적 심판을 통해서가 아니라 시간적 한계를 넘어서 역사 구조들을 형성하고 본래적인 의미에서 "역사"라고 부를 수 있는 경험적 현실성에 상응하는 하나님의 사랑을 통하여 성령론적으로 규정된다.

헬무트 틸리케의 신학과 윤리

지은이 / 홍 순 원

초판 1쇄 / 2005년 3월 7일

발 행 인 / 이 홍 열
발 행 소 / 도서출판 컨콜디아사
(기독교 한국 루터회 총회 출판홍보국)
서울 송파구 신천동 7-20 루터회관 5층
(전화)412-7451, 7453 (팩스)418-7457
등록 / 1959년 8월 11일(제3-45호)

인   쇄 / 보광문화사(02-854-6501)
제   책 / 과성제책(031-902-4323)

정   가   7,000원

ISBN 89-391-0108-1 03230